PERSEVERANDO
EN LA GUERRA
ESPIRITUAL

RICHARD ING

WHITAKER
HOUSE

A menos que se indique lo contrario, todas las citas bíblicas han sido tomadas de la *Santa Biblia, Versión Reina Valera* © 1960 por la Sociedad Bíblica Internacional. Aquellas citas bíblicas señaladas (NVI) son tomadas de la *Santa Biblia, Nueva Versión Internacional* © 1999 por la Sociedad Bíblica Internacional. Las citas bíblicas señaladas (LBLA) son tomadas de la *Santa Biblia, La Biblia de las Américas* © 1997 por The Lockman Foundation.

Traducción al español por: Sara Castillo Ramos

Nota de la traductora: Para mayor facilidad de traducción, el género masculino, en todas sus formas tanto plural como singular (i.e.: él, ellos, hombre, hombres, hijo, hijos, etc.), se utiliza en este libro en forma inclusiva para referirse a ambos géneros (masculino y femenino).

PERSEVERANDO EN LA GUERRA ESPIRITUAL
Preparándonos para el conflicto final contra el reino demoníaco
Publicado originalmente en inglés bajo el título
Waging Spiritual Warfare: Preparing for the Final Conflict against the Demonic Kingdom

---

Richard Ing
Light of the World Missions
P. O. Box 37451, Honolulu, HI 96837
www.lightoftheworldmissions.com

ISBN-13: 978-1-60374-041-8 • ISBN-10: 1-60374-041-4
Impreso en los Estados Unidos de América
© 2008 por Richard Ing

Whitaker House
1030 Hunt Valley Circle
New Kensington, PA 15068
www.whitakerhouse.com

1 2 3 4 5 6 7 8 9 10 ⓌⓊ 14 13 12 11 10 09 08

CONTENIDO

Introducción

A medida que el final de los siglos se acerca rápidamente, el enfrentamiento entre Dios (el reino de luz) y Satanás (el reino de las tinieblas) se intensificará dramáticamente hasta que la batalla final tenga lugar entre el pueblo de Dios y los hijos del malo (Véase Apocalipsis 19:19–21). Mucho de lo que vemos en el reino físico tiene su contraparte en el reino espiritual y viceversa. Lo que acontece en lo espiritual determina mucho de nuestros acontecimientos humanos. Por miles de años Satanás ha combatido contra el reino de luz por las almas de hombres, mujeres y niños. Como gobernante actual de este sistema mundial, él ha invadido e intentado controlar cada organización y esfuerzo humano. En consecuencia, grandes partes de la política, los negocios, la educación, la medicina, la ley, los militares, los entretenimientos, las comunicaciones y la religión están bajo la influencia del poder maligno de Satanás.

Mientras las batallas acrecientan en el Oriente Medio y otras áreas del mundo, los humanos miran hacia la ciencia, la lógica, la política, la economía y las estrategias militares para conseguir la victoria y lograr la paz. Sin embargo, la Biblia dice:

Porque no tenemos lucha contra sangre y carne, sino contra principados, contra potestades, contra gobernadores de las tinieblas de este siglo, contra huestes espirituales de maldad en las regiones celestes. (Efesios 6:12)

Esto significa que detrás de cada conflicto y guerras visibles, existe una guerra espiritual invisible. Mientras las potestades de Satanás, los espíritus gobernadores u hombres fuertes del odio, la ira, la amargura, la venganza, la religiosidad, el engaño, la brujería, el anticristo, el asesinato, el orgullo y la codicia no sean desafiados, la guerra y el asesinato continuarán sin disminuir.

Desafortunadamente, muchos en la iglesia ignoran acerca de la guerra espiritual, y los demonios de Satanás han hecho de las suyas hasta ahora. La mayoría de la gente dentro del cuerpo de Cristo *no lucha* del todo.

El arma más poderosa de Satanás es el engaño. Nuestro Señor Jesucristo dijo que Satanás engañará al mundo entero (Véase Apocalipsis 12:9).

Hoy, casi todo el cuerpo de Cristo está engañado y se ha convertido en presa fácil de los demonios de Satanás. Ya lo dijo Jesús: *"Porque se levantarán falsos Cristos, y falsos profetas, y harán grandes señales y prodigios, de tal manera que engañarán, si fuere posible, aun a los escogidos"* (Mateo 24:24). En este libro intentaré exponer algunos de los engaños; y también intentaré adiestrar y equipar a aquellos que respondan al llamado de Dios a la batalla.

Este libro está ordenado en dos partes. La Parte Uno trata con un sinnúmero de aspectos de la liberación espiritual no tratados en mi primer libro: *Guerra Espiritual*. La Parte Dos presenta la guerra espiritual desde el aspecto de lucha tanto para lograr el avivamiento como la supervivencia—durante el conflicto global contra el reino demoníaco y las batallas que pronto vendrán.

Algunos tópicos pueden ser considerados controversiales. Muchos cristianos progresistas consideran las técnicas de sanidad interior demasiado cercanas a las prácticas ocultas, como la visualización o la imaginación. Después de mucha oración y consultas con una cantidad de sabios y cristianos maduros, he determinado que los cristianos necesitan formar su propio criterio después de entender ciertos hechos acerca de la sanidad interior.

Presentaré también el tópico de los ángeles como parte de nuestro arsenal en la guerra espiritual. No estamos solos en nuestras batallas contra las fuerzas del mal. Dios ha asignado a muchos ángeles para ayudarnos en la lucha contra el reino demoníaco de Satanás y necesitamos saber cómo trabajar con ellos. Yo personalmente he visto ángeles participando activamente en los servicios de liberación.

La Parte Dos del libro da un vistazo general de la guerra espiritual que se libra hoy y un vistazo de las batallas que vendrán en un futuro cercano. Lo que vemos con nuestros ojos naturales es el producto de las constantes actividades en el reino espiritual. La Biblia nos dice acerca de lo que debemos esperar en nuestra guerra con el reino de las tinieblas y lo que está haciendo Satanás.

Es evidente que cuanto más sabe usted conoce de su enemigo, mejor preparado estará usted para enfrentarlo en batalla y derrotarlo. Este libro incluye una fórmula para el avivamiento mundial que puede, alentadoramente, traer unidad al cuerpo de Cristo—al menos a aquellos que tienen la voluntad de participar en dicho avivamiento.

De acuerdo con las Escrituras, en los tiempos del fin muchos cristianos renunciarán a su fe o morirán en (Véase Mateo 24:8–12). La bestia de

Satanás va a hacerle la guerra a los santos y vencerá a muchos de ellos (Véase Apocalipsis 13:6-7). Solo un remanente sobrevivirá. Ese remanente estará completamente maduro en el Espíritu y poderoso en la guerra espiritual. Ellos andarán en los caminos de Dios.

Ocasionalmente cuando hablo acerca del tema del engaño, me he encontrado con feroz oposición de las diferentes partes del cuerpo de Cristo. Esto es comprensible, dado el éxito de las mentiras y engaños de Satanás que ya se han infiltrado en el cuerpo de Cristo.

El engaño es el arma más importante de Satanás en su intento de neutralizar y destruir a cada cristiano e iglesia sobre la tierra. Una parte del cuerpo de Cristo ya ha caído por las mentiras de Satanás y lucharán para defenderlas. Muchos se aferrarán a las mentiras de Satanás hasta el fin y multitudes caerán. Sin embargo, las buenas nuevas son que Dios está levantando un ejército para el final de los tiempos. Este gran ejército se enfrentará a la batalla más grande de todos los tiempos contra el reino de las tinieblas.

¡Al final, el ejército de Dios prevalecerá!

PARTE I

LIBERACIÓN ESPIRITUAL

Capítulo 1

Tratando con la inmundicia

Los demonios de Satanás son atraídos como moscas hacia la inmundicia espiritual. Esto no es una coincidencia. La Biblia algunas veces se refiere a Satanás como a Beelzebú (Véase Mateo 12:24, 27; Lucas 11:15, 18–19). De acuerdo con la *Nueva Concordancia Exhaustiva Strong*, Beelzebú significa el "dios del estiércol"; otros diccionarios traducen esta palabra como el "señor de las moscas".

El secreto para deshacerse de las moscas (demonios) es deshacerse de la inmundicia que los atrae—si no hay inmundicia, no hay moscas. Por consiguiente, en la liberación nuestro enfoque no debe ser tanto en matar muchas moscas sino en recoger la basura (o inmundicia). Una vez que se ha descubierto e identificado, ¡necesitamos deshacernos de ella!

Entonces, la pregunta es: ¿Qué es y dónde está la inmundicia? Específicamente, "inmundicia" se refiere a las conductas negativas, actitudes y mentiras que se han arraigado en la vida de un creyente. Esto puede tomar la forma de un patrón de pecado repetitivo, adicciones, ser expuesto a la pornografía o material ocultista, así como también, la falta de perdón y las cicatrices que vienen de un pasado de abuso físico o mental.

Por mucho que usted trate, a menos que la inmundicia sea removida, el enemigo volverá, aun después de que aparentemente haya tenido una liberación exitosa. Usted puede ser capaz de sacar al enemigo por pura persistencia y poder espiritual, pero si la inmundicia permanece, pronto regresará. Si sólo ahuyenta las moscas, tan pronto usted deje de hacerlo, ellas regresarán a la inmundicia.

Es por esto, que aun después de una liberación exitosa, algunas personas parecen no tener un cambio significativo. Los malos hábitos, las actitudes y los patrones de conducta persisten. Esto es debido a que la inmundicia permanece, continúa el mal olor y la putrefacción, y, da cabida a nuevos pecados de desobediencia que atraen nuevamente a los demonios de Satanás. El Señor Jesús aludió a esto en Mateo 12:43-45:

Cuando el espíritu inmundo sale del hombre, anda por lugares secos, buscando reposo, y no lo halla. Entonces dice: "Volveré a mi casa de donde salí"; y cuando llega, la halla desocupada, barrida y adornada. Entonces va, y toma consigo otros siete espíritus peores que él, y entrados, moran allí; y el postrer estado de aquel hombre viene a ser peor que el primero. Así también acontecerá a esta mala generación. (Mateo 12:43-45)

La casa vacía puede parecer bonita e higienizada; no obstante, hasta que llenemos los espacios vacíos con la Palabra de Dios y renovemos nuestra mente, las antiguas actitudes y patrones de pecado pueden estar al acecho bajo la superficie, dejando abierta la puerta para que la actividad demoníaca regrese.

Después de una liberación exitosa, debemos establecer nuevas respuestas y emociones, así como una nueva voluntad, especialmente en los casos de problemas psicológicos y emocionales. El temor, el rechazo, la ira, la amargura, el odio y espíritus similares pueden salir por un tiempo, pero los patrones emocionales que permanezcan pueden conducir a la persona de regreso a la conducta negativa o inaceptable.

George H. Kraft, en su libro titulado: *Derrotando a los Ángeles de las Tinieblas* califica la escala de fuerza de los demonios de uno a diez. Los que están del seis al diez, son muy poderosos y presentarán una fuerte resistencia. Los de la escala del cuatro al cinco son fuertes, pero son manejables. Los de la escala del uno al tres son más débiles y los primeros en salir durante una sesión de liberación. Es sencillo, los demonios más débiles son los primeros en salir durante una sesión de liberación. En vez de tratar de sacar un demonio de la escala del seis al diez, simplemente saque la inmundicia primero. De acuerdo a Kraft, esto reduce la fuerza de ellos y entonces saldrán más rápidamente[1].

El establecer completa libertad de demonios y sus influencias, por tanto, sigue un proceso que continúa mucho después de la sesión de liberación.

EL PROCESO DE PERDÓN

La falta de perdón es la pieza principal de la inmundicia que abre la puerta para la invasión demoníaca. Algunos cristianos no entienden el perdón. En una ocasión, estaba yo ministrando a un hermano cristiano que estaba contemplando divorciarse. A medida que oraba por él, nada salía. Sin embargo, oí al Espíritu Santo decir: "No perdona a sus padres". Dejé de orar y le pregunté al joven acerca de ello.

"No", dijo él. "Perdoné a mis padres hace mucho tiempo".

Regresó a la semana siguiente para seguir orando por él. Una vez más, el Espíritu Santo dijo: "No perdona a sus padres". De nuevo le pregunté.

Muy confiadamente, él repitió su respuesta. "Hace tiempo que los perdoné".

Yo cambié el tema hacia las maldiciones ancestrales y le pregunté qué sabía de sus antepasados.

"Nada", replicó él.

"Talvez usted debe hablar con sus padres", recalqué. "Pregúnteles qué saben ellos de sus antepasados".

"No hay manera", dijo. "Yo los perdoné pero no puedo hablarles. Dejé de hablarles hace diez años".

Los padres vivían a sólo unas pocas cuadras de él, y aún así no se habían hablado en una década.

El perdón genuino restablece las relaciones donde sea posible y práctico. Ciertamente, hay casos donde no puede ser sano ni prudente restablecer una relación, como en el caso de una historia de abusos o agresiones, pero tales circunstancias no son comunes. Generalmente, cuando el daño viene de la familia y los amigos, el restablecer una relación con ellos no solamente trae sanidad emocional y espiritual, sino que también queda como un recordatorio del perdón de Dios hacia cada uno de nosotros.

El amor es la base del perdón. El amor busca restablecer las relaciones. Dios no quiere que los resentimientos y amarguras se arraiguen en su corazón. En verdad que una persona puede perdonar a alguien y todavía albergar amarguras contra dicha persona.

Algunos creyentes ven el perdón como simplemente una puerta de salida. "Yo perdono a todo aquel que en el mundo entero haya pecado contra mí desde el momento en que nací hasta ahora". Desafortunadamente eso no es tan fácil. Dios requiere que perdonemos a personas específicas por acciones específicas antes de que las ataduras demoníacas puedan ser rotas. Es decir, debemos mencionar el nombre de la persona y perdonar la transgresión específica que haya cometido.

El perdón es como una cebolla que se pela en capas. Cuando yo era joven alguien me lastimó por mucho tiempo. Antes de convertirme al cristianismo, me enfrascaba en largas discusiones acerca de los daños que esa persona me había causado. Después de mi conversión al cristianismo, yo perdoné a ese individuo; sin embargo, todavía participaba ocasionalmente en sesiones de "pobre de mí" donde las heridas se reabrían y eran examinadas. Mi esposa solía decir: "Creí que ya habías perdonado a esa persona". Yo paraba en el acto y pensaba: *"Parece que no lo he hecho"*.

> **La falta de perdón es la pieza principal de la inmundicia que abre la puerta para la invasión demoníaca.**

Luego lo olvidaba de nuevo. Pocos meses más tarde las heridas volvían a surgir, aunque no tan intensas como antes. Mi esposa me decía una vez más: "Creí que ya habías perdonado". Una vez más, yo continuaría con el proceso de perdonar a dicha persona. Finalmente después de tres o cuatro ciclos de arrepentimiento y perdón, con el tiempo dejé de quejarme de la persona completamente—no porque yo me haya disciplinado concientemente, sino porque nunca más volvió a suceder. Finalmente completé el proceso de perdón.

Como regla, mientras mas profundo es el daño, más grande tiene que ser el perdón. En algunos casos, habrá más de un intento de perdonar.

No estoy diciendo que la gente no puede perdonar en el primer intento; en algunos casos ellos pueden. Sin No obstante, puesto que los demonios atacan para ahondar en los resentimientos, si el perdón se convierte en un proceso, la liberación también vendrá a ser un proceso.

TRATANDO CON LAS EMOCIONES
Y LOS HÁBITOS

A menudo necesitamos tratar con los hábitos y problemas personales antes que la liberación pueda resultar en un mejoramiento permanente. Esto es verdad, especialmente cuando la persona tiene otros problemas psicológicos y emocionales. En tales casos, no hay un tratamiento rápido que se pueda arreglar con una simple venda o curita.

Recuerdo a una mujer que por más de doce años había sido sometida a sesiones psiquiátricas por paranoia. Después de una sesión conmigo, jamás regresó quejándose de que no había recibido completa sanidad. Aunque todo es posible con Dios, no espere que antiguos problemas emocionales sean curados completamente en una sesión sin la milagrosa intervención divina. Toma tiempo tratar con personalidades, hábitos, impulsos y emociones. Si estos asuntos no son exactamente identificados y tratados completamente, las sonrisas y aleluyas expresados inmediatamente después de la liberación pronto serán seguidos por un regreso a la misma depresión, temores y emociones experimentados anteriormente.

Rechazo

La gente que trata con el dolor del rechazo tiende a ver el mundo a través de los lentes oscuros del rechazo. Con frecuencia interpretarán las palabras y postura inocente del cuerpo como desaires personales y saldrán enojados e insultados. Ellos pueden interpretar una inocente mirada de usted como desdén y desprecio. Nada de lo que usted diga los convencerá. El tratar con estas actitudes puede convertirse en acontecimientos diarios, aun después de la liberación.

Algunas personas que han experimentado un rechazo profundo han desarrollado personalidades disfuncionales o inmaduras. Algo les hace accionar, y no es asunto de cuan grande era la relación antes, ellos repentinamente se alejan, convencidos de que han sido menospreciados de algún modo. Este tipo de personas desean ser amados pero se frustran porque les parece que jamás reciben lo suficiente.

De alguna manera, ellos tendrán que luchar contra sus reacciones establecidas por largo tiempo. En la mayoría de los casos, otras personas en sus vidas han desaparecido o sencillamente ignoran la conducta inapropiada porque es muy difícil tratar con eso directamente. Lo mejor que se puede hacer es sentarlos y señalarles específicamente sus conductas disfuncionales, sociales o personales. Si usted, como amigo, logra conseguir que ellos lo admitan, al señalarles esas acciones a medida que ocurran, logrará pavimentar el camino para el mejoramiento.

Una persona rechazada constantemente eructaba en la mesa a la hora de cenar y nunca pensaba nada incorrecto al respecto. Cuando yo le señalé eso a él, puso mala cara y se retiró a su habitación. Poco antes, él había declarado que nunca había tenido una madre o padre que le enseñaran las normas y conductas apropiadas en público. Sin embargo, cada vez que yo trataba de corregirlo, él se molestaba. Él comenzó a cambiar cuando le señalé lo que la Biblia dice:

> *Porque el Señor al que ama, disciplina, y azota a todo el que recibe por hijo. Si soportáis la disciplina, Dios os trata como a hijos; porque ¿qué hijo es aquel a quien el padre no disciplina? Pero si se os deja sin disciplina, de la cual todos han sido participantes, entonces sois bastardos, y no hijos.*
>
> (Hebreos 12:6–8)

Además:

Mejor es reprensión manifiesta que amor oculto. Fieles son las heridas del que ama; pero importunos los besos del que aborrece.
(Proverbios 27:5-6)

Su mejor amigo es la persona que lo reprende y corrige para que usted sea una mejor persona. Su peor enemigo es la persona que lo hace sentirse bien cuando usted está actuando inadecuadamente.

Es indispensable que aquellos que sufren de rechazo tengan la voluntad de aceptar la reprensión y la corrección de aquellos en quienes confía. Si no lo hacen, nunca cambiarán. Un cambio real solamente ocurrirá por medio de una decisión consciente para ser transformados al ser constantemente expuestos a la Palabra de Dios.

Las personas rechazadas están orientadas por sí mismas y no orientadas por Dios; ellos no piensan en el bienestar del grupo o de la iglesia. Si se sienten ofendidos por cualquier razón, abandonarán a la iglesia o al líder. Con toda seguridad, no servirán al Señor por mucho tiempo. Todo verdadero siervo de Dios debe tratar con el rechazo porque es inevitable si uno es seguidor de Jesús.

Los profetas, en particular, no pueden servir verdaderamente a Dios si tienen actitudes de personas rechazadas y les temen. ¿Qué pasa si un pastor de una iglesia grande lo invita a usted a hablar en su iglesia y éste es bien conocido por su generosidad para dar ofrendas de amor? Dicho pastor lo aloja en un hotel de lujo, le manda un canasto de frutas y envía una limosina a recogerle.

Luego, mientras usted camina hacia el podio, Dios le habla a usted: "Dile ahora mismo a este pastor que si no deja de hacer lo que está haciendo y se arrepiente ante Mí, voy a cortarlo". ¿Le dará usted la palabra tal como Dios se la dijo a usted o se la suavizará? ¿Le dirá usted: "Dios te ama mucho, pero siento que Él quiere que tú pienses en lo que estás haciendo, si no es bueno, deja de hacerlo?" ¿Le importará a usted más agradar a Dios que al hombre?

Tengo un muy buen amigo que es un verdadero profeta de Dios. Un día él y su esposa vinieron a la ciudad a visitarme. Estábamos sentados para cenar cuando le dije a mi amigo: "Creo que tú eres un profeta de Dios, pero necesitas deshacerte de tu espíritu de rechazo, pues tendrás tiempos difíciles si le temes al rechazo". Cuando yo dije eso, mi amigo se puso en pie—él mide seis pies y cuatro pulgadas de estatura—se colocó detrás de mí, ¡y me dio un enorme abrazo! Lloró y me dijo: "¡No sabes cuanto me has bendecido!"

Su esposa añadió: "Él no ha profetizado por más de dos años. Dios no le ha hablado. Él ha estado orando y clamando a Dios, y, todavía Dios no le ha hablado y no puede profetizar. Él era alto y realmente flaco para su edad, todos los niños acostumbraban burlarse de él llamándole "cigüeña" y jamás se ha recuperado".

> **Las personas rechazadas están orientadas por sí mismas y no orientadas por Dios; ellos no piensan en el bienestar del grupo o de la iglesia.**

Allí mismo en el restaurante oré por él. Dos días más tarde, profetizó por primera vez en más de dos años.

Es importante para una persona rechazada, aprender a aceptar el amor de Dios como también empezar a amar a Dios y a los demás. Si usted no es una persona amorosa, irá buscando amor pero no podrá encontrarlo; pero si el amor es parte de usted, no importa donde usted esté, allí encuentra amor.

"En el amor no hay temor, sino que el perfecto amor echa fuera el temor" (1 Juan 4:18). La semilla del rechazo es el temor. Afortunadamente para nosotros, el amor siempre vence al temor.

El pecado continuo

El pecado continuo es otro montón de inmundicia que atrae a las moscas. Algunos creyentes piden liberación en un área mientras que en otra refugian pecados ocultos. Por ejemplo, un hombre puede desear liberación del temor, pero está envuelto en el sexo premarital con su novia. En tal caso, la liberación no funcionará. Dios no tiene la costumbre de bendecir a las personas que pecan abierta y libremente. Mientras que no haya un verdadero arrepentimiento, lo cual incluye volverse de la práctica de pecar, el alivio permanente no será posible.

Soy un firme creyente de que Dios quiere sanar y libertar a todos. Así que, ¿por qué Dios sana a alguien que tiene malo el corazón y no sana a la persona que está al lado con la misma enfermedad?

Una vez oré por dos mujeres que estaban lado a lado, ambas con problemas del corazón. Una fue sanada instantáneamente, pero la otra no. ¿Por qué suceden estas cosas? Mi suposición sería que hubo más probabilidades de que existieran maldiciones o derechos que el enemigo tenía en la persona que no recibió sanidad. Lo mismo sucede con la liberación.

En una de mis visitas a Baguio, Filipinas, una mujer vino a mí buscando liberación. Ella me dijo de manera casi jactanciosa: "Nadie puede liberarme. Muchas personas de Norteamérica han orado por mí y ninguna puede sacar mis demonios".

Le hice las preguntas comunes acerca de la falta de perdón y los pecados continuos. Ella negó ambos. Asigné a un equipo de obreros que les ordenaran a los demonios salir de ella. Ellos trataron durante casi cuarenta y cinco minutos y los demonios se rehusaron a salir.

> **Mientras viva en un cuerpo carnal, usted debe trabajar continuamente para renovar su mente, para mantener sus pensamientos y actitudes impropias bajo control.**

"¿Está usted segura que no hay barreras para la liberación, como pecados continuos?", le pregunté.

"Absolutamente", respondió con seguridad.

Dos días después, el conserje de la recepción de mi hotel me llamó para que bajara pues alguien quería hablar conmigo. Bajé a la sala de entrada y ví que la misma mujer me estaba esperando junto con su esposo norteamericano. Rápidamente ella se me acercó y me hizo una pregunta.

"Me enteré que usted es un abogado de Norteamérica", dijo la mujer. "¿Podemos hacerle una pregunta legal?"

"Seguro", contesté.

Ella continuo: "Mi esposo y yo hemos estado viviendo juntos durante once años y tenemos dos niños. Anteriormente, él vivió en California donde tuvo una esposa y tres niños. Han estado separados por más de doce años. ¿Considera usted que él necesita obtener un divorcio legal?"

Esta mujer y su esposo no tenían un concepto claro de lo que es el pecado. Muchos cristianos tampoco entienden el arrepentimiento. Por mucho a tiempo, he oído a cristianos orar así: "Querido Señor, me arrepiento de todos los pecados que he cometido desde que nací", o, "Querido Señor, me arrepiento de todos los pecados que he cometido contra mi esposa". Así como con el perdón, necesitamos ser específicos acerca de nuestros pecados si queremos liberación de los demonios que se aferran a pecados específicos. Claro que este arrepentimiento tiene que ser genuino.

PENSAMIENTOS Y ACTITUDES PERVERSAS

Usted no baña a un cerdo para luego regresar o a su pocilga lodosa. Del mismo modo es necesario renovar la mente, aun después de que los demonios hayan salido.

Porque según el hombre interior, me deleito en la ley de Dios; pero veo otra ley en mis miembros, que se rebela contra la ley de mi mente, y que me lleva cautivo a la ley del pecado que está en mis miembros....Así que, yo mismo con la mente sirvo a la ley de Dios, más con la carne a la ley del pecado.

(Romanos 7:22-23, 25)

Aquí, el apóstol Pablo reveló que hay una ley del pecado en la carne. Aunque usted no tenga demonios, debe tratar con la naturaleza de su carne. Pablo declaró adicionalmente: *"Sino que golpeo mi cuerpo, y lo pongo en servidumbre, no sea que habiendo sido heraldo para otros, yo mismo vengo a ser eliminado"* (1 Corintios 9:27). Demonios o no demonios, incluso el gran apóstol Pablo tuvo que mantener su cuerpo bajo sujeción. Mientras viva en un cuerpo carnal, usted debe trabajar continuamente para renovar su mente, para mantener sus pensamientos y actitudes impropias bajo control.

Santiago escribió: *"Por lo cual, desechando toda la inmundicia, recibid con mansedumbre la palabra implantada, la cual puede salvar vuestras almas"* (Santiago 1:21). En este pasaje él no está hablando a los incrédulos; él se estaba dirigiendo a los seguidores de Jesucristo. Él reconoció que muchos cristianos tenían la antigua manera de vivir y que tenían que cambiar las actitudes y modos de pensar en muchas áreas. La palabra alma se refiere a la mente, al intelecto, a la voluntad y a las emociones.

Necesitamos hacer a un lado nuestros malos pensamientos de egoísmo y rebeliones, y, usar la Palabra de Dios como el filtro de nuestros pensamientos, hábitos y actitudes. La humanidad, en lo natural, es egoísta, egocéntrica y no apta para amar a otros a menos que haya un beneficio directo. *"Todas nuestras justicias [son] como trapo de inmundicia"* (Isaías 64:6). Las Escrituras nos recuerdan que nuestras mejores ideas y conceptos de lo bueno son *"como trapo de inmundicia"* para Dios. Solamente una norma nos conducirá a una mente renovada y a la santidad. Es la Palabra de Dios. Por consiguiente, anímese a leer la Biblia diariamente para poder implantar firmemente la Palabra de Dios en su corazón y mente. Luego, anímese a obedecer la Palabra en cada situación.

Podemos asentir intelectualmente a las verdades de la Biblia y no necesariamente vivirlas. Una determinación de vivir en verdad y en espíritu conducirá a sanidad permanente.

Algunos creyentes murmurarán, se quejarán, se "apuñalarán" por la espalda, presentarán celos y envidias, y, harán muchas cosas que sugieren que la puerta aun permanece abierta a la invasión demoníaca en sus vidas. La ira, las

29

contiendas, la sedición y otras actitudes de rebelión pueden indicar claramente que la persona que está siendo aconsejada no ha llenado los vacíos con el fruto del Espíritu en su vida. Él o ella siguen siendo carnales.

> Y manifiestan son las obras de la carne, que son: adulterio, fornicación, inmundicia, lascivia, idolatría, hechicerías, enemistades, pleitos, celos, iras, contiendas, disensiones, herejías, envidias, homicidios, borracheras, orgías, y cosas semejantes a estas; acerca de las cuales os amonesto, como ya os lo he dicho antes, que los que practican tales cosas no heredarán el reino de Dios.
>
> (Gálatas 5:19–21)

La liberación sin un permanente cambio de actitud puede reabrir la puerta a los espíritus de rebelión y orgullo. La santidad es la manera más eficaz para mantener alejados a los demonios. Jesús dijo: *"Porque viene el príncipe de este mundo, y él nada tiene en mí"* (Juan 14:30). No hubo puerta abierta, no hubo puerta del patio, y no hubo inmundicia—nada en Jesús dio paso para que Satanás tomara posesión. Desafortunadamente, el énfasis en la santidad raras veces se predica o se enseña en las iglesias de hoy.

Capítulo 2

LIBERACIÓN Y SANIDAD INTERIOR

L a sanidad interior es un método para tratar con las emociones negativas y disposición mental dentro de una persona, lo cual determina su conducta exterior. Estas cosas tienden a tomar la forma de conclusiones equivocadas, acuerdos negativos y malas actitudes. En mi opinión, estas realidades interiores de la mente y el alma son parte de guerra espiritual como también ataques deliberados de los demonios que deben ser expulsados.

El tema de la sanidad interior ha sido un asunto controversial entre los cristianos. Hay algunos que creen que la sanidad interior está muy relacionada a la psiquiatría secular o a las técnicas ocultas. Yo estoy igualmente preocupado por las técnicas ocultas y me alejo de cualquier cosa que sepa o se asemeje a lo oculto. Por otro lado, también comprendo que no todo lo hecho en el mundo secular es de exclusiva propiedad del diablo. Recuerde, el diablo jamás ha creado nada; él sólo puede falsificar y corromper las legítimas creaciones de Dios. Toda la estructura y funciones de la mente se derivan del plan original de la creación de Dios.

Otros creen que la sanidad interior trata demasiado con la mente y el alma, y, no lo suficiente con el Espíritu. Sin embargo, la mente y el alma del hombre son tanto dones de Dios como lo es el espíritu. Mientras busquemos al Espíritu Santo en nosotros como nuestra fuente primaria de entendimiento, poder y nuestra unión directa con Dios, podremos evitar problemas.

Por supuesto, hay algunas veces en que ciertos casos es mejor dejarlos en manos de consejeros profesionales cristianos o psiquiatras, especialmente cuando esas personas han sido profesionalmente diagnosticada como esquizofrénicas, bipolares, o, que tiene cualquier otra enfermedad mental o emocional.

No obstante, hay muchas instancias donde un poco de conocimiento acerca de la sanidad interior cristiana puede contribuir para dar libertad a los cautivos. La intención de este capítulo es ayudar a los cristianos comunes y corrientes a que estén preparados para amar y nutrir a los corazones desolados o a los individuos que han sido heridos. Para este propósito, documentaré varios casos reales para dar una mejor comprensión de los que se está discutiendo.

Teatro de operaciones de Satanás:
La mente

Las principales armas de Satanás son el engaño y la mentira. Y su primera fortaleza es la mente. Como dijo Pablo en 2 Corintios 10:4–5:

Porque las armas de nuestra contienda no son carnales, sino poderosas en Dios para la destrucción de fortalezas; destruyendo especulaciones y todo razonamiento altivo que se levanta contra el conocimiento de Dios, y poniendo todo pensamiento en cautiverio a la obediencia de Cristo. (LBLA)

¿Cómo derriba usted las especulaciones? ¿De qué están hechas las especulaciones? Mis años de experiencia me indican que tienden formarse de cosas como conclusiones equivocadas, acuerdos negativos y malas actitudes. Esas disposiciones se exaltan a sí mismas contra el *"conocimiento de Dios"* y Sus caminos. En las Escrituras se nos ordena traer a cautividad todo pensamiento a la obediencia de Cristo. Por tanto, a medida que estas imaginaciones son descubiertas, debemos echarlas fuera.

La sanidad interior, incluyendo la sanidad de la memoria. Está estrechamente relacionada a la liberación y constituye una manera decisiva de expulsar actitudes impías y patrones de pensamiento. A menudo éstas no son simples debilidades humanas de la carne, sino que son el resultado de actividad demoníaca y directos ataques espirituales. Con frecuencia, a medida que Dios limpia y sana esas memorias heridas, la sanidad interior funcionará mano a mano con la liberación, y, los demonios se huirán automáticamente.

> **A medida que Dios limpia y sana esas memorias heridas, la sanidad interior funcionará mano a mano con la liberación, y, los demonios se huirán automáticamente.**

La Biblia nos dice que por lo menos una parte del campo de batalla está en la mente: *"No os conforméis a este siglo, sino transformaos por medio de la renovación de vuestro entendimiento, para que comprobéis cuál sea la buena voluntad de Dios, agradable y perfecta"* (Romanos 12:2).

Santiago añadió: *"Por lo cual, desechando toda inmundicia y abundancia de malicia, recibid con mansedumbre la palabra implantada, la cual puede salvar vuestras almas. Pero sed hacedores de la palabra, y no tan solamente oidores, engañándoos a vosotros mismos"* (Santiago 1:21–22). Es la Palabra de Dios la que puede renovar nuestras mentes. Sin embargo, no solamente tenemos que leer y oír la Palabra, ¡tenemos que vivirla!

Ciertamente hay momentos en que la liberación es la única aplicación correcta. Puede que haya otras ocasiones en que la sanidad interior es lo único que se necesita. Algunas veces se necesitarán las dos, y en otras ninguna. Se requiere sabiduría, experiencia y discernimiento para saber qué aplicar y cuando hacerlo.[2]

El efecto de las mentiras

En mi libro anterior, *Guerra Espiritual*, dejé claro que Satanás y sus espíritus malignos no pueden entrar en los cuerpos de las personas si no tienen un derecho legal, y, tales derechos generalmente toman la forma de maldiciones. Desde entonces, mi experiencia en esta materia ha servido solamente para confirmar aún más esa declaración. Los espíritus malignos pueden entrar fácilmente en el cuerpo y afectar la mente si esa persona está de acuerdo con las mentiras del enemigo. No obstante, una vez que se renuncia a tales mentiras, los demonios no tienen derecho a quedarse. Muy a menudo, tan pronto como se renuncia a las mentiras, los demonios salen sin mucho esfuerzo de parte del consejero.

HISTORIA DE UN CASO

En Fiji, una mujer de unos cincuenta años de edad contó que ella una tenía dificultad para confiar en las personas, especialmente en los hombres. Ella contó que su esposo era un hombre cristiano amable, pero que ella no podía amarlo. Ella no quería privarlo de la intimidad, pero que ella no sentía ninguna emoción o deseos cuando se trataba de hacer el amor.

Le pedí al Espíritu Santo que me mostrara lo que había sucedido en su pasado para hallar solución a esta situación. Inmediatamente, ella recordó que cuando tenía catorce años, su padrastro la abusó sexualmente.

Mientras ella lloraba, yo le pregunté: "Debido a esto, ¿qué le ha dicho el diablo a usted?"

Ella respondió: "Que no confíe en los hombres. Que el sexo es sucio. Que todos los hombres son inmundos. ¡No dejes que te toquen!" Ella continuó llorando.

Le recordé que Jesús es un hombre, y, que si ella confiaba en Jesús, entonces quizás *había* hombres en quienes se podía confiar. Ella inclinó la cabeza y renunció en voz alta a las mentiras.

Inmediatamente se arrodilló, tosió y vomitó por casi cinco minutos. Todo lo que yo hice fue observar lo que estaba sucediendo. No dije una sola palabra ni impuse manos sobre ella. Dios estaba obrando. Los demonios estaban saliendo porque una mentira había sido reemplazada por la verdad.

Mas tarde, a medida que la tos comenzaba a disminuir, ordené salir a los espíritus de temor, rechazo, vergüenza, ignominia, desconfianza y todos los espíritus relacionados. De nuevo, ella entró en un ataque de tos. Al final, ella sonrió y se sintió una formidable liberación.

Destruyendo los derechos del Enemigo

El renunciar a las mentiras de Satanás no solamente sana la mente al destruir las falsas actitudes, también retira el derecho del enemigo a quedarse. Aparentemente, las mentiras abren la puerta para que las actividades demoníacas entren, mientras que la verdad cierra la puerta y las mantiene alejadas. La sanidad interior envuelve no solamente la limpieza de malas memorias y actitudes equivocadas, sino que también echa fuera los demonios que llegan con las mentiras.

Las Escrituras claramente declaran que debemos buscar la verdad: *"He aquí, tú deseas la verdad en lo más íntimo"* (Salmos 51:6, LBLA). De la misma manera, las Escrituras declaran que: *"Jesús es el camino, y la verdad, y la vida"* (Juan 14:6), y que el Espíritu Santo es *"el Espíritu de verdad"* (Juan 14:17; 16:13). Cuando Ananías y Safira mintieron al Espíritu Santo, murieron (Véase Hechos 5:1–10). Cuando la iglesia vio esto, experimentaron un gran tiempo de unidad y poder, siendo que los apóstoles hacían grandes señales y prodigios y muchos eran añadidos (Véase Hechos 5:11–16). Existe un poder inherente en la verdad, como también en la mentira.

El reino de Dios es el reino de la verdad; el reino de Satanás es el reino de la mentira y el engaño. Satanás se esfuerza por establecer mentiras en las mentes de los humanos por doquier. Jesús dijo que Satanás es el padre de la mentira (Véase Juan 8:44). Por medio de las mentiras Satanás puede ganar al menos parcialmente—y en ocasiones todo—el control de las mentes de los hombres. En los tiempos del fin, Satanás intentará controlar al mundo entero por medio del engaño (Véase Apocalipsis 12:9 y 13:14).

Las mentiras nos atan al pasado

Algunas mentiras y memorias perjudiciales pueden estar tan hondamente arraigadas que nosotros estamos inconscientes del efecto que ellas tienen en nuestras actitudes y conductas actuales. Puede que luchamos para cambiar, pero lo hacemos en vano. Olvidar el pasado y vivir con Dios es un sueño imposible de alcanzar para muchos que han sido golpeados en el pasado. Después de un tiempo, muchos cristianos se desesperan porque no hay cambio y sencillamente se dan por vencidos. Pocos de ellos comprenden que su pasado los ha encadenado. Todos tenemos un pasado, pero cuando el pasado lo tiene a usted, entonces usted está en problemas.

Aun si ellos tienen un claro recuerdo de lo que sucedió en su pasado, la mayoría de las personas no saben cómo borrar los efectos negativos de aquellos acontecimientos. Con frecuencia es más que un asunto de perdón. Para algunos, sus emociones son como una montaña rusa, moviéndolos hacia arriba o hacia abajo. Un día hay depresión, el siguiente día hay deleite, sólo para ser seguido por un descenso al valle de la desesperación, al siguiente día. El estado de ánimo cambiante, el temor, el llanto y los gemidos siempre están acechando a la vuelta de la esquina. Ellos han probado la consejería, la oración, el ayuno y toda clase de consejos. Nada funciona. Tal parece que no hay alivio a la vista. Jesús dijo:

> *El Espíritu del Señor está sobre mí, por cuanto me ha ungido para dar buenas nuevas*

a los pobres; me ha enviado a sanar a los que-
brantados de corazón; a pregonar libertad a
los cautivos, y vista a los ciegos; a poner en
libertad a los oprimidos. (Lucas 4:18)

En ese pasaje, frecuentemente veo a los *"que-brantados de corazón"* como a las víctimas de violación o abusos físicos. Ellos también pueden ser los niños de personas divorciadas y familias rotas o los que resultan descuidados y rechazados. Los *"oprimidos"* pueden ser aquellos que todavía sufren hondos daños y heridas que nunca sanan y continúan atormentándolos durante su vida. Es el muchacho cuyo padre alcohólico le pega todos los días; la muchacha abandonada y entregada a padres sustitutos; el niño que encontró a su madre colgando en el armario; o la joven acosada por un desviado sexual.

MECANISMO DE LA MENTE HUMANA

Para poder entender la sanidad interior y movernos en cooperación con el Espíritu Santo, será de utilidad entender el mecanismo de la mente humana. Talvez la manera de cómo funciona la mente, ilustre el por qué hacemos algunas cosas, de tal manera que podamos entender el proceso de la sanidad interior.

Para el propósito de nuestra discusión, la mente humana tiene tres partes mayores:

1) el inconsciente—donde se almacenan todos los recuerdos de las experiencias de la vida;

2) el subconsciente—donde se almacenan las decisiones, creencias y disposiciones mentales provocadas por las experiencias de la vida;

3) el consciente—donde actuamos y respondemos al mundo físico alrededor de nuestro.

Imagínese un triángulo dividido en tres compartimientos. En la parte de abajo está una base grande, tomando por lo menos cuatro quintas partes del triángulo. Esta es la mente inconsciente, donde están almacenados todos nuestros recuerdos. En el centro está la mente subconsciente, donde están almacenadas todas nuestras actitudes y creencias. En la parte de arriba, el área más pequeña, está la mente consciente, por medio de la cual respondemos al mundo que nos rodea.

La mente almacena trozos de información, aun cuando usted está dormido. Ella retiene hechos físicos tales como el escenario donde sucedieron eventos—una habitación y su contenido, quien estaba allí, la hora, el tiempo, la temperatura y lo que se estaba haciendo. Ella también registra las conversaciones, las emociones experimentadas, los olores, los ruidos e incluso los sabores y los sentimientos físicos o sensaciones. La mente lo almacena todo, aun las cosas que ocurrieron cuando usted estaba en el vientre de su madre.

El Dr. Wilder Penfield (1871–1976), un notable neurocirujano canadiense quien fue pionero en la técnica para tratar la epilepsia, publicó relatos de asombrosa y vívida memoria del recuerdo cuando ciertos lóbulos temporales de la corteza central del cerebro fueron estimulados con una baja corriente eléctrica.[3] Los pacientes completamente conscientes no solamente recordaron eventos, sino que también olfatearon los olores, saborearon alimentos, sintieron emociones y reconocieron los pensamientos que tuvieron lugar al momento del incidente. El estudio apoyó la idea de

> **Todos los acontecimientos de nuestras vidas, buenos o malos, quedan almacenados en la porción inconsciente de nuestra mente.**

que nuestros cerebros no solamente almacenan recuerdos de cada evento, sino que también retienen todos los detalles físicos así como los sentidos que fueron despertados o que respondieron al incidente cuando éste ocurrió.

En uno de los estudios del Dr. Penfield, una mujer de unos cincuenta años, inmediatamente recordó estar de pie en una cuna cuando ella era apenas una infante. Ella tendría cerca de un año de edad. Ella podía oler un pastel de manzana que estaba cocinándose en el horno y podía oír a su tía tocando una canción en el piano. Mientras recordaba, ella en ese momento recitaba las palabras de la canción tocada. Ella tuvo un sentimiento de gran bienestar. Sin embargo, en su mente consciente, ella no tenía recolección del acontecimiento o de la canción.

La conclusión evidente es que todos los acontecimientos de nuestras vidas, buenos o malos, quedan almacenados en la porción inconsciente de nuestra mente.

EXCESO DE ÉNFASIS DADO A LOS ACONTECIMIENTOS TRAUMÁTICOS

Aunque la mente almacena todas las experiencias, parece darle prioridad o posición elevada a ciertos acontecimientos traumáticos que amenazan la vida. En otras palabras, la mente hace énfasis en los acontecimientos que ponen en peligro la vida de una persona o de un ser querido. Nuestros cerebros están diseñados para sobrevivir y pondrán más énfasis en los casos dramáticos. Esto en realidad es un mecanismo de defensa. La amenaza de daño al cuerpo y la subsecuente supervivencia a ella, nos enseña a evitar o a repeler tal peligro en el futuro.

Por ejemplo, si un niño pone su mano sobre un fuego ardiente, él inmediatamente sentirá dolor e instintivamente retirará la mano. Su cerebro instantáneamente concluye que si en el futuro pone su mano en el fuego, él sentirá dolor y eso representará una amenaza a su bienestar. Él almacena el pensamiento: *El fuego quema y lastima. No pongas tu mano en el fuego.* Por consiguiente, donde quiera que él vea fuego, el cerebro automáticamente es estimulado y vuelve el recuerdo—talvez no como un pensamiento unificado, sino como una necesidad para evitar el dolor.

En gran parte, la función en esta área del cerebro es una función positiva. Esto nos ayuda a sobrevivir. Sin embargo, de la misma manera, también podemos desarrollar y almacenar conclusiones, creencias, pensamientos y actitudes erradas.

Estudio de un caso

En un caso, una bailarina profesional de hula contó que ella tenía que vencer la etapa de un tremendo terror cada vez que se presentaba en el escenario. Su vida era miserable y estaba a punto de perder su empleo. A menudo ella tenía malestar estomacal y quería vomitar detrás del telón.

Siempre que ella bailaba ante una audiencia, ella tenía que bloquear mentalmente a la audiencia y hacerse la idea de que nadie la estaba mirando.

Le pedimos a Dios que le mostrara a ella qué había sucedido en el pasado para hacer que ella tuviera tanto miedo de presentarse frente a la audiencia. Casi inmediatamente, Dios la tomó de regreso a los días de su jardín de infantes. Ella recordó que un día necesitaba usar los servicios higiénicos, pero era tímida y estaba temerosa de pedirle permiso a la profesora, por lo que se orinó en los pantalones. Cuando la maestra la encontró, ella arrastró a la niña ante toda la clase y permitió que todos los chiquillos la señalaran y se rieran de ella. Desde aquella humillación y lastimosa experiencia, ella había desarrollado el temor de que grupos de personas fijaran sus ojos en ella.

"¿Cómo concluyó esa vez?", le pregunté.

"Cuando uno se coloca frente a la gente", contestó, "ellos lo rechazarán a usted, se burlarán de usted y harán que usted se sienta avergonzado de usted mismo".

A medida que renunciamos a las mentiras del enemigo, ese mal recuerdo desapareció. Una semana más tarde ella felizmente reportó que el temor al escenario había desaparecido cuando se presentó a la función.

DOLOROSOS RECUERDOS

Como vimos anteriormente, los recuerdos negativos generalmente nacen de pérdidas o experiencias traumáticas. En un extremo de la serie de experiencias traumáticas se encuentra el estar a punto de morir o la amenaza de una terrible lesión física o un infortunio. Esto pudiera ser una violación, un acoso sexual, un abuso físico, un accidente automovilístico o algún otro acontecimiento que amenaza a la vida. La pérdida pudiera ser la muerte de un miembro de la familia, una mascota, un amigo o algo muy identificado con la persona. También pudiera ser la pérdida de una propiedad, tal como que la casa de la familia se haya quemado o la destrucción de algo bien apreciado, como un carro o el negocio de la familia. Siempre que suframos alguna pérdida, experimentamos sentimientos de tristeza, pesar, resentimiento, dolor e ira. Estas emociones pueden aferrarse a nosotros.

Interesantemente, en el otro extremo de la serie de experiencias se encuentra el rechazo, a menudo fuerte, pero algunas veces, liviano—real o imaginado—el cual también es percibido por la mente como amenazante a la vida, que produce trauma o que amenazas nuestro bienestar. Esto puede producir episodios de ignominia, vergüenza, abuso sexual o verbal, y, algo parecido.

El rechazo de la madre, aunque sea un rechazo inadvertido en los primeros días después del nacimiento, puede ser interpretado como una amenaza a la vida desde el punto de vista del infante.

HISTORIA DE UN CASO

Una vez una mujer vino a mí con temores de abandono y soledad. Ocurrió que cuando ella tenía cinco años su madre la llevó a una tienda grande. La niña se perdió en el tumulto de la tienda y llorando llamaba a su madre. Más tarde, ella fue llevada a la sección de perdidos y encontrados, donde le dieron un helado para calmarla de sus temores. Cuando su madre vino a recogerla, la niña estaba calmada y sonriente. No obstante, en algún momento durante ese suceso, el diablo le dijo a ella que su madre no la amaba, que ella sería abandonada, que estaría sola y sin amor por el resto de su vida. Subconscientemente, ella estuvo de acuerdo con aquellas mentiras. Desde ese momento en adelante, la mujer sufría de aguda timidez, soledad, desconfianza y temor al abandono.

¿DE QUE SE COMPONE UNA EXPERIENCIA?

El cerebro almacena todo acontecimiento de la vida. Así como lo expliqué anteriormente, muchas cosas además de las experiencias o escenas físicas componen una experiencia. La mente también almacena emociones y sentimientos físicos como el dolor, la posición del cuerpo o las decisiones conectadas con cada experiencia. Tales emociones se manifiestan también en el cuerpo físico—con un latido rápido del corazón, con estirones de los músculos del cuello, con apretones de puños o con sonrojamiento en el rostro. Estas reacciones físicas también son almacenadas.

La mente puede almacenar cosas absurdas o detalles tales como un pájaro que pasó volando segundos antes de un accidente, un par de dados borrosos colgando de un espejo retrovisor o un cenicero sobre una mesa justo antes de que la cocina explotara. En el futuro, esto puede llevar a tener temor a los pájaros. Un cenicero puede convertirse en un artículo prohibido en la casa por ninguna razón lógica aparente. Ver un par de dados puede detonar un inexplicable sentimiento de ansiedad.

El cerebro humano es increíble. Almacena todos los acontecimientos de nuestra vida, a menudo con detalles vívidos. Sin embargo, la mayoría de las veces no tenemos la capacidad consciente para buscarlos en nuestros bancos de memoria. Los incidentes son demasiado antiguos para recordarlos o nuestra mente suprime la memoria junto con los daños causados para así ayudarnos a hacerle frente al asunto en un nivel consciente y seguir con nuestra vida. Estos pedacitos almacenados pueden salir a la superficie repentinamente debido a la experiencia actual que sirve como detonante.

Algunos detonantes

Un masajista de mi iglesia relató que sus clientes con frecuencia recordaban eventos traumáticos del pasado a medida que se les daba masajes en ciertas áreas adoloridas de sus cuerpos. Una mujer tenía un profundo temor al océano. A medida que él le daba masaje en un punto rígido de su espalda, ella comenzó a llorar mientras recordaba que hacía muchos años su hermano mayor se había ahogado, ella inmediatamente reconoció la fuente de su temor. En otras ocasiones los recuerdos de los accidentes de autos o de la muerte de seres queridos, salían a la superficie y la persona podía liberarse de tensiones latentes que originalmente acompañaron dichas experiencias.

Sensaciones o postura del cuerpo

Podemos sentir un dolor en nuestra rodilla derecha, el cual no asociamos con ningún incidente en particular, pero es material para el recuerdo recobrado. A medida que nos concentramos en el dolor, todo el recuerdo puede ser desplegado. Algunas veces lo experimentamos como un hormigueo o una pasada fría. En otras ocasiones, es calor, tensión, dolor u otra sensación física. Estas sensaciones son parte de la experiencia total y pueden hacer aparecer el resto del recuerdo. No obstante, hasta este momento, el sólo recuerdo de una experiencia es meramente un proceso psicológico, no un acontecimiento espiritual.

Algunas veces le pido al sujeto que se concentre en alguna emoción negativa como el temor o la ira, y, le pido que busque alguna clase de sensación corporal. Si esta persona puede localizar algún dolor, frialdad, calor, hormigueo u otra sensación física no común, yo le pido que se concentre en un punto; con frecuencia, el recuerdo comienza a desplegarse.

Sin embargo, en otras ocasiones la persona sencillamente no puede recordar un evento en particular. En tales casos, sólo el Espíritu Santo puede descubrir la fuente del problema y traer a la memoria consciente la experiencia pasada que dio lugar al pensamiento, ánimo o emoción que causan las dificultades personales en el presente.

Pactos negativos

No todas las respuestas actuales proceden de acontecimientos traumáticos relacionados con la supervivencia. Aprendemos mucho de nuestras respuestas al temor por medio de acuerdos con otros o con nosotros mismos. En cierta ocasión, yo estaba en una fiesta cuando una enorme cucaracha empezó a subir por la pared del comedor. Algunas de las mujeres gritaron y la mayoría de los hombres saltaron tratando de actuar con valentía pero con sus corazones palpitándoles agitadamente. Una diminuta mujer que estaba al lado exclamó: "¡Oh, sucia, cosa pequeña!". Ella se encaminó hacia donde estaba la cucaracha, y la agarró a mano limpia. La dejó ir por el inodoro. No había en sus ojos temor absoluto. No obstante, he visto hombres paralizados de terror cuando ven una cucaracha.

> Sólo el Espíritu Santo puede descubrir la fuente del problema que causan las dificultades personales en el presente.

Algunas personas quedan aterradas ante una salamanquesa; a otros les gusta jugar con ellas. A mí me encantan las salamanquesas. Cuando yo era joven, me gustaba agarrarlas a mano limpia y metérmelas en el bolsillo para llevarlas a la escuela. Por otro lado, las cucarachas me infundían terror. En alguna parte dentro de mí, hice un pacto conmigo mismo que las salamanquesas no eran peligrosas, pero que le debía temer a las cucarachas. Mi esposa hizo un pacto contrario. A ella le aterrorizaban las lagartijas; mas, las cucarachas no le afectaban para nada.

Muchas de nuestras propias actitudes tienen sus raíces en alguna clase de acuerdo negativo de nuestro pasado. A menudo estas brotan de declaraciones negativas que nosotros, como padres, damos a nuestros hijos: "Eres torpe", "Eres estúpido", "Jamás valdrás nada", "¿Cómo es qué eres tan feo?"

Una mente joven aceptará casi todo como cierto, cuando lo recibe de una persona mayor o con posición de autoridad. Si la mente forma un acuerdo con esa declaración, desde ese punto todos los recursos de la mente serán utilizados para defender y apoyar ese acuerdo negativo. Dichos acuerdos no necesariamente distinguen entre algo que es "bueno" o "malo".

Cuando mi hijo mayor estaba en la escuela elemental, él era un mal estudiante y todas las calificaciones eran por debajo del porcentaje promedio. Sus profesores me consolaban diciéndome: "Pues, no todos nacen inteligentes. De todas formas, él es un buen muchacho". Yo, entre tanto, repetidamente le decía a él que era un muchacho inteligente. Le recordaba que mientras las muchachas tendían a ir intelectualmente adelantadas a los muchachos en su edad temprana, los estudios mostraban que los muchachos tienden a ponerse al día con las muchachas en la escuela secundaria y en la universidad.

Cuando él llegó al octavo grado, por primera vez él empezó a recibir unas pocas notas excelentes. Su grado de calificación promedio fue de 3.65 por los últimos tres años de la escuela secundaria. En la universidad se graduó con honores y mantuvo una calificación de 4.0 en los últimos dos años, habiendo

> **Si la mente forma un acuerdo con esa declaración, desde ese punto todos los recursos de la mente serán utilizados para defender y apoyar ese acuerdo negativo.**

logrado un porcentaje de 3.8 en su especialidad. Llegó a ser miembro de la Sociedad Nacional de Honores, y, recibió una beca por tres años para ir a la facultad de leyes. El poder del pacto puede funcionar en ambas lados

Capítulo 3

ANULANDO LOS ACUERDOS
NEGATIVOS

S i pudiéramos hacer que las personas recuerden aquellos acontecimientos traumáticos enterrados por largo tiempo y discernir los acuerdos negativos (aquellos que causan una conducta inaceptable o destructiva) a los que como resultado ellos llegaron, entonces por medio del poder del Espíritu Santo, podríamos neutralizar esos acuerdos y liberarlos tanto de la opresión física como psicológica. De igual manera, si podemos guiar a la gente a hacer declaraciones positivas de afirmación con la que ellos puedan estar de acuerdo, eso les cambiará sus conductas.

Todo esto puede sonar como a reprogramar una computadora. Lo es, en cierto sentido. Sin embargo, eso no significa que podamos automáticamente cambiar la actitud y disposición de una persona solamente con tirar de un interruptor o apretar un botón como con la computadora. Después de todo, los humanos tenemos fluctuaciones de voluntad, intelecto y emociones que una computadora no tiene.

Sé muy bien que algunos gobiernos y otras instituciones vergonzosamente han utilizado principios como estos para indoctrinar a grupos enteros de personas. En verdad, estos métodos pueden ser utilizados para bien o para mal. Nuestro objetivo, sin embargo, no es manipular las mentes para nuestro propio provecho o propósito. Nuestra intención es ayudar a individuos con problemas destructivos que continuamente se repiten en sus vidas—problemas causados por pactos, actitudes y conclusiones negativos.

Para sanar estos "golpes de la mente y el corazón", primero necesitamos descubrir los recuerdos o incidentes que son la fuente subyacente del problema. Segundo, necesitamos descubrir los acuerdos negativos o mentiras creadas por la experiencia. Tercero, necesitamos renunciar a aquellas mentiras o pactos negativos y sustituirlos con lo opuesto, con acuerdos positivos.

ESTUDIO DE UN CASO

Dos semanas antes de Navidad, Susana, de veintiún años, entró en mi oficina. Ella explicó

55

que los días festivos eran la peor época del año para ella. Desde que ella tenía uso de razón, siempre se ha enfermado en Navidad.

Le pedí que cerrara sus ojos y que oráramos juntos, pidiéndole a Dios que le mostrara lo que le sucedió cuando ella era más joven para que le causara este problema. Ella se concentró en el estar enferma cada Navidad. Instantáneamente, Susan recordó una escena cuando ella tenía cinco o seis años. Ella estaba en casa, en la sala, donde había un árbol de Navidad. Todo el mundo estaba moviéndose rápidamente, preparándose para la fiesta de esa noche. En el apuro, se les olvidó darle el almuerzo a Susan. Ella se sintió olvidada y comenzó a sollozar. Aún así, nadie la notó. Finalmente, ella comenzó a llorar más fuerte y terminó vomitando. Sus padres y tía corrieron hacia ella y la abrazaron diciéndole, "Oh, Mami lamenta que hayamos olvidado alimentarte". Prepararon para ella un magnífico almuerzo incluyendo helado. Su padre la sacó a pasear en su nuevo Buick, esperando que el aire la hiciera sentir mejor. Susan estaba feliz.

Yo le pregunté: "Susan, ¿qué decidiste entonces?"

Después de un pequeño empujoncito, Susan dijo: "Es bueno enfermarse. Porque después todo el mundo me quiere".

Cada año, como un reloj, los olores y el panorama navideño venían a ser disparadores provocando en Susan su enfermedad.

Primero, le pedí a Susan que renunciara a esa mentira: "Yo renuncio a la mentira de que debo enfermarme para que me quieran. Eso no es verdad".

Luego le pedí que afirmara esa verdad: "No tengo que enfermarme para que me quieran. La gente me quiere en todo tiempo. Merezco ser amada y soy capaz de amar a los demás".

> **Cuando aconseje a las personas, siempre trate de ir más allá del incidente para identificar y confrontar la mentira que se formó.**

Le pedimos al Señor que borrara el recuerdo y se los llevara. Hice que Susan abriera sus ojos y que los cerrara después de un minuto.

"Susan, por favor regresa a aquel recuerdo y cuéntame lo que ves". Ahora, el recuerdo había comenzado a desvanecerse, y, Susan tenía dificultad para recordarlo. Al final, se desvaneció.

La primera semana de enero, ella me llamó. "¿Adivine que?" me dijo. "Por primera vez desde que era joven, no me enfermé en Navidad". Los olores, las emociones ya no más me causaron enfermedad. Dios libertó a Susan.

Este es un ejemplo clásico de tratar con acuerdos o pactos negativos:

1) Ella recordó la memoria o incidente (fue olvidada en Navidad);

2) Ella expuso el pacto o mentira negativa ("Si me enfermo, me amarán");

3) Ella renunció a la mentira y la reemplazó con una verdad ("no tengo que enfermarme para que me amen").

La mayoría de las veces, aunque no siempre, una experiencia traumática antes de la edad adulta, más probable entre las edades de uno a diez, pueden dar lugar a estas actitudes y pactos incorrectos. Aunque algunas de estas experiencias pueden ser traumáticas, tal como un accidente de automóvil o un abuso físico, otras pueden ser muy simples, como perderse del almuerzo u oír un comentario incorrecto. No se permita juzgar por usted mismo la severidad del incidente; el incidente no importa. Lo que tratamos es de alcanzar los acuerdos negativos que éste causa.

Cuando aconseje a las personas, siempre trate de ir más allá del incidente para identificar y confrontar la mentira que se formó. Luego haga que el aconsejado renuncie a ella y afirme la verdad cuando sea apropiado.

Problemas repetitivos con las relaciones interpersonales

Algunas personas experimentan problemas destructivos en sus relaciones con otras personas. Inexplicables emociones y acciones surgen de la nada para sabotear la amistad, el noviazgo e incluso los matrimonios. A menudo, la causa es una traumática experiencia pasada que les llevó a un acuerdo negativo con ellos mismos.

Estudio de un caso

Jan vino a mi oficina con un muchacho que ella presentó como su novio, Herman. Él era un joven apuesto y formaban una "pareja perfecta". Jan era una joven muy atractiva de unos veinte años con cabello rojo y ojos verdes. Dos semanas más tarde, ella vino a mi oficina con lágrimas en sus ojos. Había roto relaciones con su novio.

Traté de consolarla: "Pero, Jan, tú eres atractiva. Ya encontrarás otro novio".

"Pero ese es el séptimo novio que he tenido en los últimos dos años".

"Cielos, Jan, de veras que te estás moviendo rápido".

"Pero usted no comprende. Cada vez que un muchacho me dice que se está enamorando de mí o yo percibo que lo está, no puedo seguir más con él. Yo realmente lo detesto y no lo quiero cerca de mí. Cuando Herman me dijo que se estaba enamorando de mí, yo le grité: "¿Quién te dijo que te enamoraras de mí?" Después le colgué el teléfono".

"Jan", le dije: "Quiero que cierres los ojos y ores conmigo: 'Señor Jesús, te doy las gracias por Tu inmenso amor y Tu fidelidad. Te pido Señor, que me ayudes a recordar el incidente y traigas a mi memoria cualquier cosa que haya sucedido en mi pasado que hace que rechace el amor de otros. Espíritu Santo, por favor, ven y ayúdame a recordar lo que pasó'".

En ese momento, yo traté de ayudar a Jan a recordar el incidente haciéndole unas pocas preguntas. Cuando usted tenga que hacer algo como esto, traté de ir directo y con autoridad, más o menos ordenando a la mente de la persona que recuerde el acontecimiento. Esto es para asegurar que la mente no vuelva a su cómodo refugio cubriendo el recuerdo desagradable.

"Jan", le pregunté, "¿qué ves? ¿Dónde estás?"

"En mi dormitorio. Está oscuro".

"¿Quién está contigo?"

"Mi hermana".

"¿Qué edad tienes?"

"Como nueve años".

"¿Qué edad tiene tu hermana?"

"Cerca de siete años".

"¿Qué está pasando?"

"Estoy sentada en la cama hablando con mi hermana".

"¿Qué le estás diciendo?"

"¡Te odio! ¡Si un ladrón entra a la casa y dice que dejaría ir a todo el mundo pero que tendría que matar a alguien, yo le diría que te mate a ti!"

"¿Cómo te sientes?"

"La odio. Deseo que se muera".

"¿Qué pasó después?"

Jan hizo una pausa.

"Mi hermana murió tres meses mas tarde", añadió.

"Abre tus ojos, Jan", le dije. "Ahora cuéntame, ¿qué le sucedió a tu hermana?"

"Ella tenía leucemia. Mis padres lo sabían pero nunca me lo dijeron. Todo lo que yo sabía es que ellos le daban todo a ella, pero me ignoraban. Yo no sabía de su condición".

"¿Hasta cuando te diste cuenta?"

"Hasta que tenía catorce años".

"¿Mataste tú a tu hermana, Jan?"

"No, pero por años pensé que yo lo hice".

Luego le pedí que cerrara los ojos. "¿Jan, qué decisión tomaste cuando ella murió?"

Ella lo pensó por unos minutos o más. Luego dijo: "¡Soy una asesina!" No merezco que me amen. Si alguien se acerca a mí, descubrirá cuán horrible soy. Conocerán el secreto, sabrán que yo maté a mi hermana".

"Jan", le dije, "eso es mentira. Tú no mataste a tu hermana".

"Lo sé".

"Jan, revirtamos esa mentira. Por favor, repite después de mí: 'Querido Dios, Te doy las gracias por traer ese recuerdo a mi mente. En el nombre de Jesucristo, reprendo a Satanás por poner una mentira en mi mente. No soy una asesina. Yo no maté a mi hermana. Yo la amaba. Yo merezco ser amada, y, tengo la capacidad de amar a otros. Cuando las personas se acerquen para conocerme, encontrarán que soy una persona agradable, llena de amor y bondad. Amo a mi hermana y a mis padres, y perdono a mis padres por lo que sucedió'".

Después le pedí a Jan que reconstruyera la memoria, pero esta vez le pedí que abrazara a su hermana y le dijera lo mucho que la amaba. Hice que Jan le dijera a su hermana que estaba contenta porque ella estaba con Jesús y que un día, ellas estarían juntas para siempre. Cerramos los ojos y oramos de la siguiente manera:

Querido Jesús, Te agradezco una vez más por Tu amor y fidelidad. Por favor, sana las heridas del corazón y la mente de Jan. Llena los espacios vacíos con Tu amor, Tu Palabra y Tu Santo Espíritu. Permite que Jan conozca las profundidades de Tu amor por ella y que ella sea hallada digna por medio de Tu sangre. Gracias, Señor. Amén.

Lo ultimo que supe, es que Jan estaba felizmente casada.

ESTUDIO DE UN CASO

Laurie vino a verme por una solicitud de divorcio que su esposo había entablado contra ella. El estado en el que ella vivía, era un estado de "no faltas" y no hubo defensa.

"Laurie", le dije, "como tú sabes, no podemos detener esta solicitud. No obstante, quiero ayudar a rehabilitarte para que no vuelvas a repetir cualquier cosa que esté detrás de este divorcio. Quiero que pienses acerca de tu responsabilidad en este asunto".

Laurie se puso airada. "¿A qué se refiere con mi responsabilidad?" Él es el que tiene una novia. Yo no soy la que lo ha engañado".

"Está bien, todo lo que pido es que vuelvas a casa y reflexiones. Hablaremos de nuevo acerca de esto la próxima semana".

Una semana más tarde, Laurie estaba más calmada.

"Yo le debo una disculpa, señor Ing. Cuando me fui a casa, comencé a pensar acerca de lo que usted dijo. Mi esposo realmente era una agradable persona cuando me casé con él. Él hacía todas las compras, cocinaba, ayudaba con los platos y limpiaba la casa todo el tiempo. Sin embargo, cuando acostumbrábamos ver TV por las noches, no podía tenerlo sentado cerca de mí. Solía decirle que se sentara en cualquier otra parte. No sé por qué. Después de un tiempo, yo no lo quería cerca; por lo que le sugerí que se fuera a jugar boliche. Después le dije que debía ir más a menudo. Con el tiempo, él se acostumbró a salir a jugar boliche cuatro noches a la semana".

En este punto, Laurie hizo una pausa y lágrimas salieron de sus ojos; luego continuó: "Así es como él consiguió a su novia. Todavía ella un día me llamó y me preguntó que si yo estaba segura de permitir que mi esposo se fuera. Ella dijo que no entendía por qué alguien no quería estar con un hombre tan agradable".

"¿Qué le contestaste a ella?"

"Le dije que podía quedarse con él".

Luego Laurie agregó: "Realmente él *es* un hombre agradable, y, no sé por qué no lo quería a mi lado".

"Laurie, ¿quieres saber el por qué?"

Ella movió la cabeza en afirmación, y le pedimos a Jesús que le mostrara lo que ocurrió que le causó a ella repeler a su esposo. Instantáneamente, Laurie se vio en el quinto grado. Todos los días después de clase, ella debía irse a casa, hacer sus tareas y cenar. Después de cenar, una amiguita que vivía al lado venía y se ponían a jugar cartas juntas.

"¿Qué sucedió, Laurie?"

Laurie, dijo: "Mi amiga nunca hizo sus tareas en casa. Todos los días, ella se copiaba de mis tareas antes de que jugáramos a las cartas. Luego, al final del año, ella ganó el primer lugar por haber hecho el mejor trabajo en casa".

"¿Qué conclusión sacaste de eso, Laurie?"

"Nunca confiar en alguien que trata de estar cerca de mi. Todo lo que ellos quieren es robarme mis cosas".

Laurie después recordó otro momento más tarde en su vida, ya estando en la escuela secundaria, que la mejor amiga le robó a su novio. En ese momento, renunciamos a las mentiras del enemigo y le pedimos a Jesús sanar a Laurie y que sacara de su mente los malos recuerdos. Luego, a ella se le dificultó recordar el incidente. Laurie fue rehabilitada. Sin embargo, y tristemente, fue demasiado tarde para salvar su matrimonio.

Estudio de un caso

En el oriente de Malasia, durante el período de receso del Colegio Bíblico donde daba una conferencia, encontré una jovencita de unos doce años de edad. Ella estaba al borde de la muerte. Ella era de nacionalidad china, pero sus cabellos eran castaños y no podía comer sin que luego vomitara. Ella me recordó las fotografías que yo he visto de las víctimas del Holocausto. Ella estaba en el piso con la cabeza en el regazo de su madre y escasamente podía levantarse y caminar.

Por medio de un intérprete me enteré que su abuela materna la había criado desde que tenía dos años de edad. Su madre y su padre eran pobres y ya tenían otros tres hijos a los que a penas podían criar. Al tiempo que ella tenía diez años, su padre gozaba de un buen trabajo con el cual podía mantenerla a ella, por lo que vinieron a llevársela. Ella estaba feliz de regresar con sus padres, pero los alimentos no se le quedaban en el cuerpo. No importa lo que ellos trataran, lo más que ella podía hacer era sorber un pan mojado en leche. No podía ni tragar el pan.

A medida que yo le hacía preguntas, ella recordó una vez que estaba comiendo en la cocina de su abuela—ella tenía cuatro o cinco años.

Su abuela la regañó: "¡Tú comes mucho, eres un cerdo gordo!" ¡Por eso es que tus padres te trajeron a mí!"

Yo le pregunté: "¿Qué pasó por tu mente en ese momento?"

"Que si mis padres me llevaban de regreso, yo no iba a comer para que no me dejaran de nuevo".

Aquella mentira del enemigo se clavó en su mente aunque ella sólo tenía un escaso recuerdo del incidente. Cuando finalmente sus padres la llevaron de regreso, su temor al abandono inconscientemente provocó que ella dejara de comer. A pesar de sus constantes esfuerzos para alimentarla y asegurarle que jamás se volverían a separar, ella sencillamente no podía comer.

Descubierta la mentira del enemigo, le pedí a ella que renunciara a la sugestión negativa e inmediatamente puedo comer. Le dije que Jesús nunca la dejaría o desampararía; que Él siempre cuidaría de sus necesidades por lo que ella nunca necesitaría tener miedo a ser rechazada o abandonada. Le dije que nada podría separarla del amor de Dios. Ella fue capaz de abrazar y besar a sus padres, quienes le reforzaron aquella declaración positiva diciéndole que ella podría comer todo lo que quisiera y que ellos nunca la abandonarían. La pequeña familia lloró y se abrazaron mutuamente.

En el siguiente receso, fui a verla y la encontré en la cafetería comiendo su primera comida completa en dos años. En el transcurso de un año, había ganado peso y era una trabajadora incansable. Su cabello había vuelto a ser negro y comía todo lo que se le pusiera adelante.

Dos años más tarde, regresé a Malasia. Yo estaba sentado en un carro cuando una joven alta de cabellos negros me saludó ondeando las manos afanosamente.

"¿Sabe quién es ella?" me preguntó mi anfitrión. "Esa es la niña que casi muere de anorexia nerviosa hace unos años".

Dios la había libertado de las mentiras del maligno. Esto es un ejemplo de los recuerdos suprimidos que actualmente causan desórdenes alimenticios tales como la anorexia nerviosa o bulimia.

Estudio de un caso

Shirley no había visto a su madre por casi treinta años. Cuando finalmente las dos se encontraron de nuevo, Shirley andaba cerca de los cuarenta años y se había convertido al cristianismo. Ella encontró que su madre era una persona encantadora y ambas establecieron una gran relación—por teléfono. No obstante, cada vez que ella iba a ver a su madre, Shirley deseaba salir rápidamente. Ella traía la cena, pero después de diez minutos o más, a ella le sobrecogía un fuerte deseo de salir corriendo. Shirley no podía entenderlo. Ella disfrutaba estar con su mamá y deseaba amarla, pero le resultaba imposible.

Le pedimos al Espíritu Santo que ayudara a Shirley a recordar el incidente que le ha acarreado todos estos sentimientos que ella tenía. Esto la llevó de regreso hasta cuando ella tenía unos dos años de edad. Shirley amaba intensamente a su padre. Sus padres estaban discutiendo y la madre de Shirley la llevaba. Su madre le dijo a su padre que se fuera y que nunca regresara. Shirley quería alcanzar a su padre y lloraba por él pero su madre la tenía sujetada y se alejó con ella. Sus padres se divorciaron y por unos años Shirley no volvió a ver a su padre.

Al pasar el tiempo, cuando ella tenía diez años, el padre de Shirley la llevó con él y su madre de cierta forma la abandonó. Su padre la crió desde entonces.

"Shirley", pregunté, "¿qué emociones y pensamientos tuviste en ese momento?"

Shirley con sus ojos aún cerrados, contestó: "Odio a mi madre por haberme alejado de mi padre. ¡Yo quiero a mi padre!".

"Revirtamos ese recuerdo". Hice que Shirley regresara y que en vez de odiar a su madre, le diera un abrazo y le dijera: "Te amo madre. Te perdono. Renuncio a la mentira de Satanás que me hizo odiar a mi madre. No es cierto. Yo la amo y ella me ama". Shirley, quedó suavemente llorando. Yo me fui al otro lado del salón para ayudar a alguien más.

A medida que observaba a Shirley, ella comenzó a toser y a vomitar. Los demonios de amargura y odio estaban saliendo sin que se les ordenara salir. Cantidades de demonios de temor, resentimiento, dolor e ira salieron. Al renunciar a las mentiras, ella les cortó los derechos legales inmediatamente. Shirley tosió y jadeó por cinco minutos.

Mas tarde, Shirley dio su testimonio: "Después que esas cosas salieron de mí, me quedé sentada y olas de gozo me inundaron. Fue como si algo pesado se había quitado de mí. Nunca sentí tanto amor por mi madre". El amor legítimo había reemplazado al intento de amor fabricado de Shirley.

Personalidades múltiples

La Biblia no da detalles específicos acerca de técnicas para tratar con heridas psicológicas emocionales profundas. Es muy difícil comprobar algunas teorías sugeridas por algunos consejeros cristianos sobre la sanidad interior; no obstante, muchos pastores y consejeros que practican la sanidad interior dicen que un buen número de personas a las que ellos ayudan parecen tener más de una personalidad.

Incidentes traumáticos pueden dar como resultado que la persona herida produzca un "niño interior" o "niños interiores" como un muro de separación de aquello que los lastima. El niño interior tiende a permanecer en la misma edad en que la persona experimentó el trauma. Con mucha frecuencia, esta otra personalidad tiene sus propias emociones, intelecto y personalidad, separada de aquellas de la persona. De esa manera, el niño nunca crece pero continúa absorbiendo los daños que ocurrieron en su temprana edad. La personalidad principal continúa con su vida, a menudo inconsciente del niño interior, pero cada vez que algo le hace recordar la pena, el niño interior surge en la mente consciente, y, esta persona adulta comienza a actuar con todas las emociones, pensamientos y percepciones del niño. Sin aviso previo, hombres y mujeres adultos, pueden de repente, sin razón aparente, volverse ridículos, emocionales, rebeldes e irracionales cuando este niño interior sale a la superficie.

> El propósito de crear otra personalidad es permitir que la personalidad principal continúe funcionando en el reino consciente con un mínimo de dolor.

El propósito de crear otra personalidad es permitir que la personalidad principal continúe funcionando en el reino consciente con un mínimo de dolor, si es que hubiere alguno. Después de todo, fue este otro niño interior quien sufrió el dolor del rechazo, no la persona exterior. Todo el temor, vergüenza, ignominia y rechazo le sucedió a esta "otra persona", no a la persona principal.

Las circunstancias y los acontecimientos actuales pueden provocar una reacción en los niños interiores o diferentes personalidades. En casos donde el niño interior está bien desarrollado, la personalidad principal puede sufrir fallas de la memoria y olvido de acontecimientos actuales y pasados porque el niño ha tomado control sobre la consciencia casi por completo. En casos extremos, las dos personalidades pueden zigzaguear de aquí para allá muchas veces dentro de un corto período de tiempo.

En su libro, *Cerdos en la Sala,* Frank y Ida Mae Hammond, afirman que en casos de esquizofrenia la mente crea un niñito o niñita que absorberá todos los rechazos. Ellos nombran las personalidades: Sara Uno y Sara Dos. En la experiencia de los Hammond, Sara Dos, la niña interior, tiene dos lados en su personalidad: un lado de rechazo y un lado de rebelión.[4]

Fusión de personalidades

Aunque personalmente no he tenido tanta experiencia con personalidades múltiples, sí he tenido varios casos que envuelven lo que yo llamo una fusión de personalidades. La mayoría de las veces, estos casos vienen a mí sin aviso o preparación previos.

Estudio de un caso

En el estado malasio de Sarawak, estaba saliendo por la puerta después de una noche de clases, cuando el intérprete me preguntó si yo podía orar por una joven. Yo asentí y regresé al salón de clases. Allí estaba sentada una joven estudiante de veinte años, a quien llamaré Narissa, parecía tímida y abstraída. Narissa me contó que su madre odiaba a su padre y que planeaba divorciarse de él cuando el más joven de sus dos hermanos cumpliera los diez años. Sin embargo, cuando el muchacho cumplió los nueve años, la madre se dio cuenta que estaba embarazada esperando una niña—Narissa, la estudiante que estaba sentada frente a mí. Desde el momento en que nació, ella fue completamente rechazada y cruelmente tratada por su madre.

Ella recordó una vez, cuando tenía cinco años, que su madre la agarró del brazo y le señaló un perro sarnoso.

"¿Ves ese perro?", le dijo su madre. "¡Ese es tu madre! ¡Yo no soy tu madre!"

Narissa lloró amargamente.

Mientras hablábamos, Dios le mostró a Narissa que ella había hecho un acuerdo con las mentiras del diablo (ella las creyó). Ella creyó que nadie la amaba. Ella creyó que era fea. Juntos, renunciamos a las mentiras del diablo y citamos las Escrituras que hablar del amor de Dios.

Por lo cual estoy seguro de que ni la muerte, ni la vida, ni ángeles, ni principados, ni potestades, ni lo presente, ni lo por venir, ni lo alto, ni lo profundo, ni ninguna otra cosa creada nos podrá separar del amor de Dios, que es en Cristo Jesús Señor nuestro.

(Romanos 8:38–39)

No te dejaré, ni te desampararé. (Josué 1:5)

He aquí, yo estoy con vosotros todos los días, hasta el fin del mundo. (Mateo 28:20)

Según nos escogió en Él antes de la fundación del mundo, para que fuésemos santos y sin mancha delante de Él, en amor habiéndonos predestinado para ser adoptados hijos suyos por medio de Jesucristo, según el puro afecto de Su voluntad. (Efesios 1:4–5)

Cuando supo de estas cosas en su corazón, le pedí que regresara en su mente a la escena con el perro y que buscara a Jesús. Ella cerró sus ojos. Le dije que algunas veces Él se aparecía como una luz brillante o como una persona, y, otras veces como una presencia. Muy seguro que allí ella vio a Jesús de pie con Sus brazos abiertos.

"Corre a Él", dije, "y deja que Jesús te abrace y te diga cuánto Te ama"

Le pedí al intérprete que abrazara a la damita. Ambos derramaron lágrimas de gozo.

Seguidamente traté de dirigirme directamente a la otra personalidad. "Narissa Menor, gracias por ayudar a la Narissa Mayor. Ella no necesita que la protejas más del rechazo de su madre. ¿Quieres Narissa Menor fusionarte con la Narissa Mayor?" La muchacha movió su cabeza en afirmación y oró: "Querido Jesús, fusiona a la Narissa Menor con la Narissa Mayor".

Desde donde estaba sentada, la joven saltó como si algo la hubiese levantado y pasó por sobre tres hileras de sillas, donde cayó hecha un montón. Se levantó y su rostro era como el rostro de un ángel. Una grande y hermosa sonrisa adornaba su rostro y de repente esta muchacha claramente atormentada, se volvió en una bellísima, radiante y gozosa joven. Hubo un cambio físico en su semblante. Al día siguiente, Narissa estaba en clase como una persona muy diferente. Su expresión física y su personalidad habían cambiado. Ella estaba completa de nuevo.

La Biblia no entra en detalles acerca de la esquizofrenia o la enfermedad mental o emocional, aunque Santiago 1:8 se refiere a un *hombre de doble ánimo es inconstante en todos sus caminos*". Este tipo de imágenes es comprensible, ya que la psiquiatría y la psicología no eran ciencias conocidas en ese tiempo. La palabra griega para *doble ánimo* en realidad significa "enérgico, con doble espíritu; vacilante en opinión o propósito". No obstante, en indagación posterior, la palabra *enérgico* se deriva de la palabra griega *psique,* la cual significa "mente, alma". ¿Se está refiriendo a dos almas o a un alma fragmentada? Realmente no lo sabemos, y quizás no sea importante.

BRUJERÍA

La brujería conlleva manipulación y control de las mentes de las personas en contra de su voluntad. ¿Puede la brujería robar o controlar fragmentos de nuestra mente? Dios parece decir "¡Sí!":

Así ha dicho Jehová el Señor: ¡Ay de aquellas que cosen vendas mágicas para todas las manos, y hacen velos mágicos para la cabeza de toda edad, para cazar las almas! ¿Habéis de cazar las almas de mi pueblo, para mantener así vuestra propia vida? ¿Y habéis de profanarme entre mi pueblo por puñados de cebada y por pedazos de pan, matando a las personas que no deben morir, y dando vida a las personas que no deben vivir, mintiendo a mi pueblo que escucha la mentira? Por tanto, así ha dicho Jehová el Señor: He aquí yo estoy contra vuestras vendas mágicas, con que cazáis las almas al vuelo; yo las libraré de vuestras manos, y soltaré para que vuelen *que vuelen como aves las almas que vosotras cazáis volando. Romperé asimismo vuestros velos mágicos, y libraré a mi pueblo de vuestra mano, y no estarán más como presa en vuestra mano; y sabréis que yo soy Jehová. Por cuanto entristecisteis con **mentiras** el **corazón** del justo, al cual yo no entristecí, y fortalecisteis las manos del impío, para que no se apartase de su mal camino, infundiéndole ánimo, por tanto, no veréis más visión vana, ni practicaréis más adivinación, y libraré mi pueblo de vuestra mano, y sabréis que yo soy Jehová".* (Ezequiel 13:18–23, el énfasis fue añadido)

He tenido casos en que los padres del sujeto eran satanistas. Cuando oraba para que Dios enviara ángeles a recoger y restablecer los fragmentos del alma de esa persona, los cuales le fueron robados por medio de la brujería, la persona se incorporó de repente y exclamó que su mente quedó clara en ese instante. Yo sólo puedo creer que los fragmentos de su mente fueron restaurados.

Una persona puede tener partes de su personalidad separadas o divididas debido a un trauma. Una mujer que ha sido sometida a rituales o abuso sexual a su temprana edad puede tener pérdida de memoria debido al daño sufrido. La mente hace frente a estas formas extremas de rechazo y daño bloqueando la porción de la mente que contiene esos recuerdos dolorosos—causando así una amnesia parcial. La oración puede empujar la mente y recuperar la memoria. Cuando eso sucede, usted puede encontrar a un niño aterrorizado con todas las cicatrices emocionales e incluso los daños físicos detrás de ese recuerdo. Ese niño es una pieza fragmentada de toda el alma, separada por el mecanismo de la mente para

> **Al manejar casos de personalidades múltiples o divididas, la falta de perdón y la amargura juegan un gran papel envenenando las mentes y actitudes de la persona rechazada.**

hacerle frente a los daños. La mente se niega diciendo: "No he sido lastimado, alguien más fue lastimado—ese niñito, no yo".

Una vez, mientras oraba por un pastor que sufría de rechazo; tuve una visión de un pequeño muchacho rodeado de paredes frías como de ocho pies de altura y tres pies de espesor. El muchacho golpeaba su cabeza por la parte de afuera de una pared que se abría, pero tan pronto alguien aparecía, el pequeño era empujado hacia la su prisión auto impuesta. Dentro de estas paredes está la parte del alma o de la mente a la que llamamos "el niño interior". Esto puede explicar por qué algunas personas tienen personalidades "insensibles". Ellas no confían en la gente y automáticamente ponen paredes y se aíslan. Encuentran difícil confiar en las personas y pocas veces tienen buenos amigos. Cuando el espíritu del rechazo salió del pastor, yo inmediatamente tuve una visión de un hombre en un parque sosteniendo un racimo de globos. De repente los globos fueron liberados y flotaron hacia el cielo entre las nubes.

RAÍZ DE AMARGURA

Al manejar casos de personalidades múltiples o divididas (algunos les llaman "ultra" u "otras personalidades"), la falta de perdón y la amargura juegan un gran papel envenenando las mentes y actitudes de la persona rechazada. Las mujeres, por lo general, tienden a volverse amargadas cuando son rechazadas. Los hombres, por otro lado, tienden a volverse temerosos. Si a la raíz del rechazo se le permite crecer, otra cantidad de espíritus pueden entrar.

Hebreos 12:14–15 dice:

Seguid la paz con todos, y la santidad, sin la cual nadie verá al Señor. Mirad bien, no sea que alguno deje de alcanzar la gracia

de Dios; que brotando alguna raíz de amar-
gura, os estorbe, y por ella muchos sean
contaminados.

Sin lugar a dudas, la amargura abre las puertas del resentimiento, la ira, la hostilidad, el odio,
la falta de perdón, la venganza e incluso el asesinato y el homicidio. Imagínese el estado de la
mente de una persona con todos estos espíritus.

ALGUNAS TÉCNICAS PARA RECOBRAR

LA MEMORIA

Las siguientes técnicas pueden serle útiles
después de orar y pedir al Espíritu Santo hacer
volver el recuerdo del momento del agravio:

1. Si fuere posible, coloque al aconsejado en
un ambiente raro y no familiar. Un ambiente
cómodo y seguro puede hacer que la mente
humana se cierre y rehúse recordar los pensamientos o memorias de inseguridad. Cuando
una persona está en un lugar o circunstancias
inseguras, la mente se abrirá y sacará a luz
las memorias traumáticas de rechazo, daño y
dolor.

2. Ore y pida al Espíritu Santo que descubra el
recuerdo. Luego pida al aconsejado que busque en
su cuerpo con sus ojos de la mente y vea si puede
detectar alguna extraña sensación—hormigueo,

entumecimiento, dolor, olor, etc. Si éste ve alguna cosa, pídale que se concentre en el problema y en el área de la sensación. Con frecuencia, la memoria saldrá a la superficie en este momento. En algunos casos, los daños del pasado ya se estarán manifestando, y el recuerdo de los acontecimientos perjudiciales saldrá a flote casi instantáneamente.

> **La mente humana algunas veces reacciona a los problemas opuestos e irreconciliables cerrando la válvula de escape a la realidad.**

3. En otras ocasiones, es útil instruir a la persona que responda inmediatamente a sus preguntas sin pensar racionalmente acerca de la respuesta. Instrúyale a decir en voz alta el primer pensamiento que le venga a la mente. Pregúntele: "¿Qué edad tienes? ¿Dónde estás? ¿Quién está contigo? ¿Qué más hay en la habitación? ¿Qué está pasando? ¿Quién dijo qué? ¿Cómo te sientes?" Insista en que le responda rápidamente, aunque la respuesta que salga de la mente pueda parecer ridícula.

4. Las preguntas principales son: ¿Qué acuerdo o decisión hizo usted que provocó lo

sucedido? ¿Qué acuerdos hizo con usted mismo? ¿Qué conclusión sacó de esta experiencia?

Haga que la persona pronuncie el acuerdo o creencia que se formó a causa del incidente.

"Soy horrible. No merezco ser amada".

"Nunca volveré a confiar en una persona mayor".

"No permitas que las personas se acerque a ti. Ellas siempre te robarán tus cosas".

"No puedes confiar en los hombres (o mujeres). No dejes que se te acerquen".

"Odio a mi madre (o al padre, etc.) porque ella me odia y ha rechazado mi cariño".

"No te acerques a los perros. Te morderán".

"Nadie me quiere, ellos me abandonarán. Me dejaron sola".

"No soy buena. Provoqué el divorcio de mis padres".

"Mis padres no me quieren porque se divorciaron y no me tuvieron el suficiente amor para permanecer juntos".

"Mi padre no me quiere porque no pasa tiempo conmigo ni me habla".

"Mis padres no me quieren porque no me prestan atención a asisten a mis juegos de pelota o conciertos".

Estos son unos pocos ejemplos de acuerdos negativos que he encontrado. Cuando los acuerdos negativos han sido puestos al descubierto, haga que la persona renuncie y los invierta inmediatamente. Luego haga que la persona regrese al mismo incidente y lo cambie a algo positivo.

Encuentre la verdad positiva en la Biblia. Ore para que el Espíritu Santo revele la verdad que destruirá las mentiras del enemigo. El Espíritu Santo, el Espíritu de verdad, nos llevará a toda verdad (Véase Juan 16:13). La verdad destruye las mentiras del enemigo y liberta a las personas.

Estudio de un caso de catatonia

Hace algunos años, recibí una petición para orar por una joven de un área remota del norte de Filipinas. Cuando llegamos a su casa, encontré a una muchacha atractiva de diecinueve años de edad, sentada y mirando a la nada. Si usted pasaba su mano a seis pulgadas de su frente, ella no parpadearía. Si la llamaba por su nombre, ella lucharía por decir algo pero no podía responder. Ella había estado así desde hacía unos cuantos meses. Sus padres habían llamado a los sacerdotes católicos e incluso a un médico brujo, pensando que alguien le había echado alguna maldición. Ninguno había podido ayudarla. Cuando la vi, el Espíritu Santo puso en mi mente la palabra *catatonia*.

Yo sabía que la mente humana algunas veces reacciona a los problemas opuestos e irreconciliables cerrando la válvula de escape a la realidad. Resolviendo uno de los problemas, se crea otro, y, la mente reacciona cerrándose completamente.

Sus padres me dijeron que ella había estado viviendo en Manila con su hermano mayor, quien le pagó la educación de la escuela secundaria. Cuando se graduó, él le consiguió trabajo, y estuvo de acuerdo en comenzar a pagarle lo que había gastado en ella. El trabajo era en una compañía de productos agrícolas y tenía que trabajar en la sección de refrigeración. Todos los días tenía que ponerse una cantidad de ropa gruesa para evitar el frío. Era miserable. Además, los empleados antiguos la fastidiaban incesantemente. A ella no le gustaba ese trabajo y después de dos meses renunció.

Cuando ella renunció, su hermano mayor se puso furioso, acusándola de mal agradecida. Después de una semana, ella regresó al trabajo, pero después de otras dos semanas ya no pudo continuar más. Para evitar a su hermano, mientras él estaba trabajando, empacó sus pertenencias y tomó un bus rumbo a casa de sus padres. Ya en casa, ella tuvo insomnios por dos semanas y después cayó en el estado catatónico actual.

Les pedí a los padres que llamaran a su hermano en Manila y le explicaran la situación. Pusimos el teléfono junto a su oído y el hermano le habló. Él la perdonó y le dijo que estaba bien que haya dejado el trabajo. Él también le dijo que ella encontraría un trabajo mejor. Sus padres y otros miembros de la familia le dijeron que estaba bien que haya dejado el trabajo y que le ayudarían. A la mañana siguiente ella salió de su trance. Puede que sus problemas no hayan sido resueltos, pero las posibles soluciones ya no estaban más en oposición.

Entendiendo la mente humana

A menudo, cuando la persona enfrenta problemas intensos que no pueden resolver, la mente recurre al temor, la depresión, la amnesia, el olvido, la negación, la catatonia y otras condiciones. Cuando usted se enfrenta a casos como estos, usted se dará cuenta que la persona es muy probablemente esté pasando por problemas en la vida donde las soluciones parecen imposibles de encontrar o llevarse a cabo. En respuesta, la mente se cierra. Ayudar a la persona a ver y desenredar las soluciones a sus problemas puede ser la clave de su liberación. En casos como estos, los problemas pueden manifestarse en conducta poco característica e ilógica.

Algunas veces, una persona tiene una enfermedad física que es crónica (asma, sarpullido, alergias, etc.), o talvez esta persona está envuelta en una conducta indeseable (adulterio, promiscuidad, una adicción a la pornografía, ira descontrolada, etc.). Al preguntarle a la gente cosas como esta, con frecuencia descubro que sus padres o madres tuvieron la misma enfermedad o presentaron una conducta similar. A menudo hubo una clase de problema prominente en la familia. Por ejemplo, la madre y el padre no siguen juntos porque el padre tuvo un caso de adulterio. La madre dejó saber a todos los hijos de la terrible ofensa del padre y dejó en claro que lo condenaran al ostracismo. Con mucha frecuencia, más tarde en su vida adulta, estos hijos terminan involucrándose en la misma conducta adúltera. A pesar de la acción del padre, los hijos lo aman, pero su madre les prohibió demostrárselo. Por consiguiente, en un esfuerzo para justificar el amar a su padre, el hijo o los hijos cometen la misma falta. Ahora ellos pueden amar a su padre porque están en el mismo nivel. Una vez descubierta tal mentira y habiendo renunciado a ella, el deseo por la aventura extramarital desaparece o disminuye. Con frecuencia los espíritus de adulterio y fornicación se alejan en ese momento.

ESTUDIO DE UN CASO

Algunas veces, las relaciones incompletas continúan siguiendo a una persona y comienzan a manifestarse de manera negativa. En Fiji, un pastor de unos cincuenta años, un día vino a mí en secreto. Él admitió que necesitaba ayuda con su terrible temperamento. Su esposa le decía con frecuencia que si las personas se enteraban de sus rabietas temperamentales en el hogar, él podría perder su posición como pastor. Mientras me hablaba, oí decir al Espíritu Santo: "Injusto". Tan pronto le comuniqué esto, el hombre comenzó a sollozar. Me dijo que su padre murió cuando él tenía seis años de edad. Para cuando cumplió los diez años, su madre se casó de nuevo y tuvo tres hijos con el nuevo esposo. Siendo que él era el mayor de sus medias hermanas y hermano, su padrastro lo fastidiaba incesantemente. Él tenía que hacer todo el trabajo duro de la granja mientras que los otros hacían muy poco. Su padrastro lo acosaba todo el tiempo y jamás le daba las gracias ni le regalaba nada. Estaba tan acongojado que se fue de la casa a los dieciocho años y jamás volvió. Desde ese tiempo, su padrastro había muerto.

Lo invité a conversar con Jesús y decir las cosas que nunca fue capaz de decírsele a su padrastro. Para ser claros, le comuniqué que él estaba hablando con Jesús—no con su padrastro muerto. Le pedí que expresara su dolor, desilusión e ira. Salí de la oficina y cerré la puerta. Media hora más tarde, el pastor abrió la puerta.

Sus ojos estaban rojos de llorar, pero me dijo que se había quitado todo de sus hombros y terminó perdonando a su padrastro y diciéndole que lo amaba.

Un año después, el pastor llegó al aeropuerto a recogerme. Mientras viajábamos, me dijo: "Pedí venir yo a recogerlo porque quiero darle las gracias. Desde aquel día en la oficina, no he vuelto a tener un simple ataque temperamental o depresión".

ESTUDIO DE UN CASO

Otro pastor, por quince años había tenido periódicos dolores de espaldas. Él había visitado doctores, acupunturistas y masajistas casi semanalmente. Aunque ocasionalmente experimentaba alivio temporal, el dolor de espalda nunca se le iba totalmente. La oración y aun las liberaciones no fueron suficientes para sanarlo.

El Espíritu Santo me dirigió a decirle al pastor que le contara a Jesús todas las cosas que él quería decirle a su padre. Por más de treinta minutos, el joven dijo todo ante Jesús—las ofensas, las cosas no dichas, las tristezas y el dolor, los momentos felices, todo. Cuando terminó, era como si un peso le había sido quitado de los hombros. Como si eso fuera poco, el dolor de espalda desapareció totalmente.

El pastor se preguntaba por qué el dolor había desaparecido de su espalda, por lo que oramos y le pedimos a Dios que revelara lo que le sucedió en su pasado que le produjo ese dolor de espalda. De repente recordó el trauma de la muerte de su padre cuando él tenía quince años de edad. El había recibido una llamada telefónica informándole que su padre había sufrido un ataque al corazón y que estaba en la unidad de cuidados intensivos. Antes de que él pudiera llegar al hospital, su padre ya había fallecido. Nunca tuvo la oportunidad de decirle adiós a su padre. El pastor jugaba fútbol y su padre asistía a todos los juegos. Después de cada juego, su padre lo regañaba y le señalaba todos los errores. Por un momento, el muchacho se resentía con su padre. En el funeral no derramó una lágrima por la muerte de su padre.

El pastor recordó que también su padre tenía un dolor de espalda. El recordó que muchas veces le dio masajes en la espalda a su padre. Esas fueron las únicas ocasiones en que este pastor se sintió necesitado y amado por su padre. La pérdida inesperada de su padre lo dejó con un hueco en su vida sin resolver. Él necesitaba decirle a su padre cuanto lo amaba y que lo echaba de menos. El dolor en la espalda fue precisamente con lo que su mente se conectó. Eso representaba un puente entre los dos hombres, pero ahora ya no lo necesitaba más pues su relación ahora estaba completa. El pastor le había dicho a su padre todo lo que necesitaba decirle. No solamente el dolor de espalda había desaparecido, sino que sus frecuentes dolores de cabeza y la depresión también.

MI PROPIO CASO

Cuando yo tenía dieciocho años, mi padre murió en mis brazos de un ataque al corazón. Al igual que el pastor anterior, yo nunca tuve la oportunidad de decirle lo mucho que lo amaba. Él se fue como una brisa vespertina.

Él permaneció en mis pensamientos, aunque por quince años o más, soñaba con él por lo menos una vez a la semana. Finalmente, me senté y le conté a Jesús todo lo que siempre quise decirle a mi padre—lo bueno y lo malo, mi decepción con su muerte, y, el hecho de que mis sueños de una llamativa carrera médica se truncaron al morir él. Por medio de Jesús le dije a

> En muchos casos, expresar tales heridas y dolor a la otra persona después de muchos años quizás de pueda no resolver el problema y más bien pueda irritarla.

mi padre que lo amaba y que lo perdonaba. Inmediatamente, tuve el sentimiento de que él me
perdonaba y me amaba recíprocamente. Desde
esa vez en adelante, jamás volví a soñar con mi
padre—ni una sola vez.

El decirle a Jesús las cosas que usted nunca
fue capaz de decírselas a alguien que lo lastimó
a usted no es alguna clase de truco mental. Creo
firmemente en que Jesús puede realmente tomar
las cosas que usted diga y completar la relación
que usted tuvo con aquella otra persona, y, traer
un sentido de clausura al conflicto no resuelto.
En palabras del salmista leemos: *"Jehová redime el
alma de sus siervos"* (Salmos 34:22). Él tomará cualquier cosa rota y la hará nueva.

Estudio de un caso

Margaret vivía en Hawai, aunque ella resi-
dió en Los Ángeles y visitaba las islas cada tantos
años, no le había hablado a su hermana durante
quince años. Margaret admitió no poder recordar
cuál había sido la causa de su desacuerdo.

Le pedí a Margaret que invitara a Jesús a
ocupar el lugar de su hermana menor y luego que
le dijera lo que había en su corazón.

"Oh, hermanita", empezó a decir ella. "Lamento
que peleáramos. No recuerdo por lo que peleamos.
Por favor, perdóname. Yo te perdono. Te amo".

Así de sencillo. Después de eso, no hubo señales de cambio o alivio inmediato, de manera que oramos y lo dejamos allí.

Margaret se fue a casa esa noche, y una hora más tarde sonó el teléfono. Era su hermana menor llamándola desde Los Ángeles. Su hermana inició la conversación: "Oh, hermanita, estoy tan apenada de que estemos peleadas. No recuerdo por qué peleamos. Por favor, perdóname. Yo te perdono. Te quiero".

ESTUDIO DE OTRO CASO

La hija de diecinueve años de un nuevo miembro de la iglesia vino a verme una tarde. Ella había sido la niña de los ojos de su padre, pero sus padres atravesaron por un doloroso divorcio. Desde entonces, ella se había casado y ahora tenía siete meses de embarazo. Durante cinco años, ella no le había hablado a su padre. Una tía le había informado que su padre ya sabía de su embarazo. Ella aún no lo había llamado.

Después de orar y pedirle a Jesús que se sentara enfrente de ella y ocupara el lugar de su padre, ella le contó a Él todo lo que quería decirle a su padre.

"¿Cómo es que si ni siquiera me llamas? Tú sabes que estoy embarazada, ni siquiera me preguntas cómo estoy o cómo está el bebé".

La mañana siguiente, a las ocho de la mañana sonó el teléfono. Era su padre. Él le dijo: "Hola, mi amor. Estoy tan apenado de no haberte llamado o hablado contigo. ¿Cómo estás? ¿Cómo está el bebé?"

Donde hay relaciones rotas o incompletas con muchas cosas que se quedan sin decir, la mente a veces volverá a estas cosas una y otra vez. Parece que la mente no quedará satisfecha hasta que se diga lo que necesita decirse. El permitirle a Jesús manejar esa situación, evitará molestar a la otra persona (si es que vive) quien a lo mejor no entienda, o quien pueda posiblemente alejarse aún más. En muchos casos, expresar tales heridas y dolor a la otra persona después de muchos años quizás de pueda no resolver el problema y más bien pueda irritarla. Coloque el problema a los pies de Jesús; permita que Él lo tome. Aún si la otra persona no está disponible o ya está muerta. Jesús todavía *"libera las almas"* y trae sanidad.

¿REALMENTE QUIEREN SANIDAD?

Algunas veces, una persona dice que desea sanidad, pero en el fondo realmente no la quiere.

Un hombre vino a visitarme un día y se sentó allí en su silla, moviéndose e inquieto.

"¿Qué le pasa?" Inquirí.

"Tengo un dolor de espalda y ahora vengo de la oficina de mi doctor" contestó.

Él dijo que la oración no podía sanarlo y que el tratamiento médico hacía muy poco. Él era un operador de equipo pesado y se había lastimado la espalda hacía dieciocho meses. Él estaba recibiendo pagos cada mes del seguro de compensación para obreros, pagos que eran aun más altos que su salario mensual cuando estaba trabajando.

"Eso suena bastante bien", le dije. Quizás usted debería mantener su dolor de espalda. ¿Está seguro que quiere sanidad?"

"Por supuesto", contestó.

"Mire los beneficios que tiene por estar enfermo", le expliqué. "¿Cuándo fue la última vez que llevó usted de compras a su esposa?"

"No puedo. Mi espalda está adolorida", contestó.

"¿Cuándo fue la última vez que ayudó a limpiar la casa, cortar la grama, lavar el carro, o visitó a sus parientes?"

"No puedo hacer nada de eso", contestó. "Mi espalda no me lo permite".

"¿Está seguro que quiere ser sanado?" Le pregunté nuevamente. "Después de todo, usted tiene que llevar a su esposa a hacer las compras, limpiar la casa, cortar la grama, lavar el carro, y visitar a sus parientes".

Frustrado ante mi estímulo, finalmente él dijo en voz alta: "Sí. Estoy dispuesto a hacer todas esas cosas si pudiera ser sanado de la dolencia de mi espalda".

Entonces, le dije: "¿Cómo está su espalda?"

Él se agarró con ambas manos la parte baja de la espalda y gritó: "Oh, mi Dios, ¡el dolor se ha ido! ¡No siento dolor!"

Con su boca clamaba que quería ser sanado, pero su subconsciente no quería. La que necesitaba ser sanada era su mente y no su espalda.

En Juan 5 encontramos a Jesús junto al estanque de Betesda. En el estanque había muchas personas enfermas porque era bien sabido que un ángel descendía ocasionalmente y movía las aguas. Se decía que la persona que primero entrara al estanque recibía sanidad instantánea. Un inválido que durante treinta y ocho años había sufrido su enfermedad, estaba sentado junto al estanque.

Jesús conociendo la condición del hombre, le preguntó: *"¿Quieres ser sano?"* (Versículo 6). En otras palabras, "¿Quieres realmente ser sanado?" ¿Por qué Jesús hizo la pregunta? El hombre bien pudo contestar: "Señor, yo no vengo aquí a socializar. ¿Por qué otra cosa pudiera estar aquí?"

Aquella pregunta penetró la mente subconsciente del hombre y borró cualquier vacilación o resistencia de su mente hacia la sanidad. Esto provocó que él afirmara su intención y deseo. Como resultado, el hombre recibió su sanidad (Véase Juan 5:8–9).

Capítulo 4

OBSTACULIZANDO
LA UNCIÓN

S i usted tiene la unción para tomar parte en la liberación espiritual, esa unción siempre existirá. Sin embargo, existen ciertos factores que pueden disminuir la unción y afectar los resultados. Un elemento del que estaré hablando en un capítulo más adelante, es la incredulidad. Cuando en el salón hay personas que no creen en la actividad demoníaca, la liberación puede ser difícil. Las Escrituras nos advierten: "*No apaguéis al Espíritu*" (1 Tesalonicenses 5:19). La ausencia de unción para liberar ha ocurrido solamente cuatro veces en mi carrera. Cada vez que un grupo de personas en la audiencia no creía que haya tales cosas como los demonios o no creyeron que los cristianos puedan tener demonios.[5]

Otro factor es la terquedad o el orgullo. He visto cristianos que se rehúsan totalmente a participar en cualquier forma durante un servicio de liberación. Se rehúsan a orar y aun a cerrar sus ojos. Talvez rehúsan considerar que los espíritus malignos puedan afectarlos o quizás no quieren hacer un espectáculo ante los otros. Invariablemente, ellos no entran y no reciben liberación, aun mientras la gente que los rodea está experimentando gran liberación. Una persona que no quiere liberación generalmente no la recibe.

Comúnmente son los pastores y sus esposas los que saltan primero frente a su congregación y dicen: "¡A mí primero! ¡Necesito liberación!" Otros, por otro lado, pretenderán que tienen algo más que hacer y necesitan salir del salón. Algunos pastores y líderes de la iglesia hacen creer que ellos son intocables por los demonios y que sólo intentan asistir en las sesiones de liberación. Estos pueden también apagar al Espíritu de liberación.

En una ocasión, cuando me encontraba enseñando, dos ancianas estaban sentadas atrás del salón conversando y riéndose. Ellas no estaban poniendo atención. Yo sentí que la presencia de Dios en ese salón se desvanecía. Cuando hay unción, mis palabras son suaves y coordinadas; cuando la unción se pierde, comienzo a tartamudear y olvido lo que voy a decir. Inmediatamente dejé de enseñar e informé al grupo que el Espíritu Santo estaba contrito y que necesitábamos arrepentirnos. Mientras orábamos y nos arrepentíamos, la presencia volvió. El cuerpo de Cristo necesita dar reverencia al Espíritu Santo.

Hay varios espíritus que el diablo puede enviar para posarse en la congregación, en la junta de la iglesia o en los diferentes líderes de la iglesia.

> Una persona que no quiere liberación generalmente no la recibe.

Estos espíritus pueden coincidir en efectividad y a menudo pueden encontrarse juntos. Cada uno es fuerte y lo bastante efectivos para obstaculizar la obra del Espíritu Santo en el creyente. Al final usted no puede esperar a que se vayan, esperando que salgan por sí solos. Ellos deben salir por medio de liberación espiritual y la oración.

EL ESPÍRITU DE LEGALISMO

Puede que el resistirse a la liberación no sea intencional; no obstante, es suficiente para matar o impedir la unción. Esa forma de resistencia es conocida como legalismo o formalismo. El legalismo implica una rigidez o estricto apego a las leyes o normas del hombre—un tipo de "espíritu fariseo". Este dice:

"No puedes hacer esto. No puedes hacer aquello".

"Debes hacer esto. Debes hacer aquello".

Estoy completamente de acuerdo en mantener un orden propio de las cosas; pero en un ambiente de estricto legalismo, he hallado que hay muy poco espacio para que el Espíritu Santo se mueva. Hay más confianza en las cosas del hombre que en las cosas del Espíritu.

El espíritu de legalismo puede destruir la unción, especialmente durante los servicios públicos de liberación. El legalismo encuentra su fuerza en el espíritu de orgullo, el que con frecuencia usa la máscara de la incredulidad. Cuando la gente oye que los cristianos no pueden tener demonios, ellos puede que no crean en el echar fuera demonios y se resistan en sus corazones. Algunas veces, durante un servicio de liberación, los creyentes se sientan sus sillas, mentalmente objetando todo lo que yo digo por causa de su incredulidad. He tenido intérpretes que tercamente se rehúsan a interpretar mis palabras sólo porque no están de acuerdo con mi teología.

El orgullo promueve sus propias sus ideas como "el verdadero camino". El orgullo dice: "Mi manera es la correcta y el único camino. Por lo tanto, si tú quieres crecer en Dios, debes escucharme. Yo sé como alcanzarlo y te lo voy a mostrar. Pero asegúrate de mantener las normas que te voy a dar".

El orgullo es una actitud que rehúsa considerar otros puntos de vista o creencias. He estado en iglesias que no creen que los cristianos puedan tener demonios; desafortunadamente ahí no hubo unción absoluta. Aun cuando algunas de las personas en la iglesia no tuvieron prejuicios, el espíritu gobernante sobre la iglesia impidió que la liberación tuviera lugar. Los líderes fueron suspicaces y contenciosos y los santos fueron cautos y temerosos de hacer preguntas. Después del servicio, ellos vacilaron en acercarse para orar.

> El legalismo encuentra su fuerza en el espíritu de orgullo, el que con frecuencia usa la máscara de la incredulidad.

Cuando usted entra en una iglesia con esa clase de actitud, usted puede sentirlo en el espíritu. Una vez fui a enseñar a una iglesia en Singapur. Nadie sonrió, ni me saludaron o me dieron la mano. Conté algunos chistes bien sanos y nadie se puso a reír o siquiera sonreír. Nuestro equipo cantó unos himnos y no hubo palmoteo de manos o sonrisas. La audiencia estaba tranquila y no mostraban interés. Había un sentimiento de temor en el lugar; estaba espiritualmente muerta. No había libertad en el Espíritu Santo. La enseñanza estuvo como andar hasta las rodillas en una ciénaga profunda. No había unción absoluta para la liberación. Un día después supe, por otro pastor, que los líderes de la iglesia enseñaban que los cristianos no podían tener demonios.

Dos días después entré a otra iglesia e inmediatamente sentí la presencia del Espíritu Santo. La gente estaba orando fervientemente y llorando ante el Señor. Los santos nos saludaron calurosa e informalmente, ellos en plena libertad fueron recíprocos a mis chistes, y, había una atmósfera de amor y calor humano. Cuando alabamos a Dios con los cantos, ellos palmeaban sus manos con entusiasmo genuino. Los líderes estuvieron abiertos y ansiosos de aprender más. Los santos se acercaron a nosotros e hicieron muchas preguntas. La liberación fue experimentada de manera increíble.

EL ESPÍRITU DE FORMALISMO

Hace años fui invitado a enseñar en una universidad bíblica en Vanuatu. Cuando entré al recinto universitario, había muchos estudiantes de pie en los alrededores. Sin embargo, cuando entramos al edificio, ninguno se acercó a darnos la mano o a saludar a mi equipo. Mientras el líder me escoltaba al salón de clases, noté que ninguno sonreía y muchos parecían estar temerosos aun de mirarme a los ojos.

Esta era una universidad pentecostal y sin embargo, durante los servicios de alabanza y adoración casi nadie levantaba sus manos. En vez de eso, tanto estudiantes como los profesores parecían rígidos y formales. Los cantos fueron himnos antiguos, pero no hubo palmoteo de manos o animación. Durante mi primer receso en la enseñanza, ninguno vino a hacerme preguntas, lo cual es inusual.

Cuando le pregunté al pastor que cómo marchaba la comunidad religiosa de la ciudad, él inmediatamente me dijo que un grupo de evangélicos controlaban mucho la ciudad. Sus servicios eran muy bien organizados. Pero todo parecía provenir de un caso particular.

Siendo que su país era un país cristiano, diferentes denominaciones se turnaban para manejar ciertas dedicaciones y eventos. El gobierno le pidió a él que dirigiera la bendición del nuevo aeropuerto y como es típico de las iglesias pentecostales, su iglesia no "se vistió" para la ocasión. Hubo gritos de "¡Aleluya!" y "Amén". Hubo algarabía, palmearon las manos, saltaron, danzaron y levantaron las manos para acompañar los cantos. En vez de togas, cintas y uniformes que otros clérigos se ponen, el pastor llevaba puesto un traje regular. Como resultado, él fue mordazmente criticado por su vestir irrespetuoso, así como por la conducta revoltosa de su congregación durante la alabanza y adoración. Ellos lo criticaron por no tener orden o ceremonias a las que valía la pena asistir.

Poco después, las iglesias pentecostales empezaron a vestir a sus líderes con coloridas togas. Sus servicios cambiaron. Empezaron a desfilar por el pasillo hacia el altar con acólitos y un coro les seguía vestidos con elegancia. Individualmente no hay nada de malo con estas cosas. Lo que torció el sentido fue la manera en que todas las iglesias de la ciudad trataron cada una de superar la pompa y el colorido. Esa era verdaderamente una forma sobre la función. El como las cosas eran manifestadas en lo exterior tomó precedencia a lo que Dios quería hacer en lo interior. Poco a poco, los cristianos nacidos de nuevo tomaron el camino de la muerte que llega con el orgullo espiritual. Usted puede oír las palabras de Jesús:

> *¡Ay de vosotros, escribas y fariseos, hipócritas! Porque sois semejantes a sepulcros blanqueados, que por fuera, a la verdad, se*

> *muestran hermosos, más por dentro están*
> *llenos de huesos de muertos y de toda inmun-*
> *dicia.* (Mateo 23:27)

Ese día, en la universidad bíblica mientras hablaba con el pastor, él entendió inmediatamente lo que le estaba diciendo y estuvo de acuerdo en romper los espíritus de formalismos y legalismos de su universidad bíblica e iglesia. Cuando volvimos del receso, les expliqué a los estudiantes lo que había discernido, y empezamos a cantar y danzar con ímpetu. Al principio, los estudiantes parecían temerosos de reaccionar y participar, pero cuando su pastor comenzó a cantar y danzar, ellos poco a poco se le unieron. Después de unos pocos cantos, todos estábamos saltando de arriba abajo, palmeando las manos y danzando. ¡El cambio fue dramático! Realmente el Espíritu Santo estaba presente. Había sonrisas y risas, gozo intenso y compañerismo—y mucha más libertad. El espíritu de formalismo los había atado y derrotado.

Demasiadas iglesias pentecostales de los Estados Unidos han caído en la misma trampa de retroceder al formalismo y al legalismo. Temerosos de verse diferentes, escogieron conformarse a la falta de vida de las otras iglesias. Varias iglesias que visité recientemente en California presentaban el mismo formalismo que experimenté en Vanuatu. La congregación parecía temerosa de levantar sus manos al cielo y cantar o hablar en lenguas. Todo tenía que ser discreto y apropiado.

Una vez en San Diego, un pastor me invitó a enseñar en su iglesia acerca de la guerra espiritual. Mis seminarios generalmente duran dos o cuatro días completos. Sin embargo, en este caso, cuando llegué el pastor me informó que tenía sólo quince minutos para predicar—no más porque la congregación se quejaría. Yo debía llegar treinta minutos antes del servicio para saludar a la gente, y debía ir vestido con toga azul y blanca para participar en la apertura. Después de mi charla (hablé casi veinte minutos), el pastor me dijo que me asegurara de bajar rápidamente y acompañarlo al pasillo central de la iglesia para agradecerle a las personas su asistencia.

Fuimos invitados a un almuerzo de espaguetis en la cafetería de la iglesia donde el pastor me preguntó si yo podía dirigirme a un grupo de quince miembros que tenían curiosidad. Mientras tanto, él tenía que salir para enseñar una clase bíblicas a los caballeros.

Estuve de acuerdo y llevé al grupo a un pequeño salón de clases. Yo sabía que tenía que hacer algo mayor tan pronto como me fuera posible. Empecé preguntándoles si alguien necesitaba sanidad. Una anciana levantó su mano. Por más de dos años ella había venido sufriendo de un dolor de espalda y no podía estar sentada o parada por mucho tiempo. Hice que ella avanzara hacia el frente donde yo estaba sentado. Ella se doblaba del dolor. Abrí mi Biblia en Mateo 12:15 donde dice: "[Jesús] *se apartó de allí; y le siguió mucha gente, y sanaba a todos*".

Miré a la mujer a sus ojos y le dije: ¡*Todos* quiere decir a *todos*; todos quiere decir a cada uno incluyéndola a usted! ¿No es así?"

"Sí", aseveró la anciana.

"¿Cómo está su espalda?", le pregunté.

Ella se movió alrededor y se dobló. Luego exclamó: "¡Oh, mi Dios, el dolor se ha ido! ¡Aleluya!"

Minutos más tarde, el conserje entró y anunció que tenía que cerrar las ventanas y cerrar con llave el lugar. Le dije a los estudiantes: "¿Por qué no salimos y nos sentamos afuera en el patio, y continuamos con nuestra enseñanza de guerra espiritual y sanidad?" Reuní mis cosas y me tomé un momento para llamar a mi esposa. Cuando salí al patio minutos mas tarde, nadie estaba allí y ¡el estacionamiento estaba vacío!

Ellos habían visto un milagro mayor y estaban aprendiendo de un asunto que no muchos habían oído antes, pero sus rutinas no les permitieron quedarse por más tiempo. Ellos se fueron a hacer otras cosas.

EL ESPÍRITU DE LA FALSA APARIENCIA

Hace algunos años oraba y le preguntaba a Dios por qué el cuerpo de Cristo en la tierra era tan débil. De repente, tuve una visión de las páginas amarillas del directorio telefónico. Un dedo índice aparecía y señalaba una palabra en la esquina superior derecha del directorio abierto. A medida que la palabra se hacía más clara, Él dijo: "Apariencias".

El mensaje para mí fue que muchos dentro del cuerpo de Cristo cubren sus faltas de poder y verdad poniendo falsas apariencias, pretensiones y fachadas, haciendo creer que todo es santo y bendecido espiritualmente. Muchos santos pretender ser maduros espiritualmente, citando las Escrituras y pronunciando frases correctas en la iglesia. Siguen el movimiento de honrar a Dios y Su iglesia, pero es solamente una fachada. Son como un modelo de pastel desplegado en el frente de la ventana de la panadería local—el baño parece bonito, pero debajo sólo está el cartón. Es un encubrimiento para la falta rectitud y madurez.

Pocas semanas más tarde, antes del servicio del domingo, me encontraba en la parte trasera de la iglesia cuando un miembro vino a mí y me dijo: "Pastor, tuve un sueño. ¿Me lo puede interpretar?" Acepté y ella relató lo siguiente:

Yo estaba con otra mujer. En medio de la selva había un edificio de una pequeña iglesia, rodeada por una cerca alta. La otra mujer y yo decidimos salir a la selva y tomamos una senda. Oímos el rugir de un león, por lo que nos escondimos detrás de un árbol. Cuando divisamos al león, éste tenía en sus fauces un cordero muerto y lo lanzaba al aire volviéndolo a cazar. El león estaba jugando con el cordero. Nosotras nos asustamos y regresamos corriendo a la iglesia. Mientras íbamos corriendo, la otra mujer tropezó en una piedra y su rostro pegó en espeso matorral. Cuando ella se levantó, un polvo blanco le cubría la cara totalmente.

Antes que yo le pudiera dar la interpretación, comenzó la música, indicando que el servicio había comenzado. Le dije a la mujer que hablaría con ella después del servicio. Mientras permanecía en la parte trasera del santuario, yo pude discernir que no había absolutamente nada de unción. Estaba espiritualmente muerta. Después del tercer canto, yo estaba frustrado en mi espíritu por lo que caminé hacia el frente, tomé un micrófono, comencé a orar y a atar espíritus. Luego regresé a la parte trasera y la música comenzó de nuevo. Sin embargo, esta vez la presencia del Espíritu Santo se sintió bien fuerte.

Después del servicio, otro miembro vino a mí y me dijo:

Pastor, cuando la música comenzó yo veía una visión de una dama gorda sentada enfrente. Ella tenía un vestido blanco y negro de lunares, pero los lunares blancos se hacían pequeños y luego grandes y después pequeños otra vez. Llevaba una peluca roja brillante y aretes largos. También llevaba anteojos oscuros grandes con marco cubierto de joyas. Tenía pestañas grandes falsas, un espeso polvo blanco en la cara y grandes círculos rojos en sus mejillas, casi como payaso de circo. Le miré a sus pies y ella tenía pies pequeñitos metidos en unos bonitos zapatos.

Después lo ví a usted subir al frente y mientras oraba ví a un inmenso ángel detrás de usted. Cuando busqué a la mujer, ella ya se había ido. ¿Qué significa eso?

Dios aun estaba contestando mis oraciones. La mujer del vestido de lunares era un demonio de falsas pretensiones y engaño. La verdadera persona se oculta detrás de la peluca roja, pestañas grandes, adornada con anteojos, grandes aretes, espeso maquillaje y zapatos pequeños.

El espíritu de la falsa apariencia era gordo porque estaba prosperando en la iglesia. Muchos han caído en sus encantos. La mujer del vestido con lunares blancos y negros que cambiaban ampliándose y encogiéndose es la representación típica de los santos de hoy. Cuando van a la iglesia actúan santamente y los lunares blancos se expanden. Cuando regresan a casa no son tan santos, es cuando los lunares blancos se encogen. Es una pretensión y falsedad—es una sombra sin substancia.

Incluso los pies pequeñitos de la visión tenían significado. La tradición dice que un emperador chino tuvo un sueño de una bella diosa de pies pequeñitos bailando. Él quedó tan enamorado de los pies pequeñitos que su pueblo los adoptó como norma de belleza. Ellos comenzaron a ligar los pies de sus tiernas hijas hasta que ellas pasaran la edad de la pubertad. Cuando ellos ponían los zapatos en los pies de estas niñas, era una belleza. Pero los pies estaban deformados y feos—rotos y doblados con los dedos gordos debajo de las plantas de los pies. Ellas escasamente podían caminar y quedaban inhabilitadas permanentemente. Si les quitan los zapatos, la verdad era grotesca.

Una vez alguien dijo: "Puedes engañar a algunas personas todo el tiempo y puedes engañar a todas las personas algún tiempo, más no puedes engañar a todas las personas todo el tiempo". Cuando hablamos de Dios, ¡a Él no se le puede engañar ni un segundo!

El sueño de la primera mujer era el mismo. Los cristianos que pretenden ser santos y maduros espiritualmente, pero en realidad no lo son, no son sólo corderos en el reino de Dios. Ellos son presa fácil de Satanás porque son sólo espectáculo y no tienen fortaleza espiritual. Satanás es capaz de doblarlos y jugar con ellos antes de devorar a los indefensos corderos. La mujer que tropezó representa a los cristianos farsantes quienes algún día caerán y serán descubiertos. El polvo blanco cubría su verdadera condición, como los cosméticos que cubren las manchas y arrugas de la cara.

> **La iglesia ha cubierto su falta de poder y madurez espiritual con todo los adornos de prosperidad y bienestar.**

Los espíritus de legalismos y formalismos incluyen las falsas apariencias, fachadas, pretensiones y fantasiosas formas de cristianismo. Los rituales, reglas hechas por los hombres, costumbres y tradiciones pueden cubrir el hecho de que hay poco entendimiento espiritual o poder en el cuerpo de Cristo en la actualidad. La iglesia ha cubierto su falta de poder y madurez espiritual con todo los adornos de prosperidad y bienestar. Algunas veces parece que hay muy poca verdad en lo que queda de la iglesia de hoy.

La iglesia que nos dio Dios originalmente, estaba desprovista de falsa pompa, de ceremonias para hacernos sentir bien y muchas de las costumbres que asociamos hoy con la "iglesia". Eran leales y verdaderas delante de Dios. Me temo que un día tendremos que pagar el precio de nuestra presente farsa.

El espíritu de orgullo religioso

El orgullo religioso literalmente puede cubrir a una iglesia como si fuera una sábana blanca mojada. La atmósfera se vuelve sofocante y básicamente no hay libertad. Usted puede discernirlo espiritualmente y algunas veces las personas tienen dificultad física para respirar. El orgullo religioso puede apagar el avivamiento. Los creyentes encuentran difícil orar y leer la Palabra y sus alabanzas y adoraciones son secas y forzadas. Algunas veces tienen un "espíritu holgazán". Algunos pastores de liberación dicen que también es el "espíritu de Orión" o forma de orgullo religioso.

En una ocasión, mientras nos abríamos paso a través de un servicio que estaba seco y muerto; de repente, Dios le dio una visión a una mujer. En la visión la mujer estaba en una sala oscura y los bordes cubrían todas las ventanas y puertas. A un lado, ella veía una babosa grande avanzando poco a poco en su camino hacia la parte de arriba de la pared, dejando un rastro viscoso detrás de ella. La mujer se asomó por los bordes de la puerta y miró la luz brillante del sol. Justo fuera de la puerta, una paloma blanca se paseaba.

La interpretación era obvia. El espíritu de holgazanería lo había bloqueado todo y no había libertad en el Espíritu Santo. La luz del sol y la paloma blanca, representan la luz, la verdad y el Espíritu Santo. El orgullo espiritual mantenía al pueblo de Dios encerrado en una cárcel.

En tal situación, el Espíritu Santo no puede moverse porque Él no puede (o más exactamente no podrá) entrar a la sala para ungir a los santos. Los santos han permitido entrar a la iglesia una atmósfera de complacencia y santurronería.

Durante ese período, mientras orábamos, una mañana tuvimos una visión de una gran babosa—como de diez pies de largo—justo situada a mitad del piso. Las oraciones ese día fueron secas y parecía que no estaban ungidas. Cuando nos arrepentimos y atamos al espíritu de orgullo y holgazanería, la unción volvió.

Job 41 habla de Leviatán, el espíritu de orgullo. El aire no puede entrar en sus escalas firmemente unidas. "Sus lomos son hileras de escudos cerrados y duros como la piedra. Tan apretados están unos contra otros, que ni el aire puede pasar entre ellos". Espíritu significa "pneuma", "aire" o "aliento". El Espíritu Santo no pasará las escamas del orgullo.

El espíritu de intelectualismo

Otra forma de legalismo es una actitud que dice:

Me gradué de la universidad bíblica obteniendo un Doctorado en Teología. Esto es lo que yo pienso y nadie me puede convencer de lo contrario. Si usted no está de acuerdo con lo que enseño, usted está equivocado y en peligro de perder su salvación—o por lo menos usted está pecando y desagradando a Dios.

Con tal atmósfera, las congregaciones llegan a ser temerosas y poco inclinadas a permitirse ellas mismas a ser expuestas a la enseñanza que es de alguna manera contraria a lo que sus líderes enseñan—no importa cuan bíblica sea. Aun si usted tiene la oportunidad de predicar allí, tan pronto como usted sale el pastor diluye o barre todo lo que usted dijo y señala los "errores" de su enseñanza, de acuerdo con su propia interpretación. Tal líder controlador no puede permitirle a su rebaño que piense que él está equivocado; por consiguiente, busca cada cosa pequeña que usted diga para desacreditarlo. Esta clase de control de la mente es un tipo de brujería. Con frecuencia se ve en las sectas, pero desafortunadamente también puede ser encontrado en la iglesia de Dios. En la mayoría de los casos, pasa irreconocido totalmente por las personas dentro de la iglesia, pero está presente, no obstante.

El intelectualismo es una forma de legalismo. Donde él está presente, hay falta de unción del Espíritu Santo, todo lo que hay allí es sólo una forma sabiduría terrenal e inteligencia. Cada año, hombres y mujeres "espirituales" escriben y distribuyen toneladas de libros. Algunos son llenos del Espíritu, pero otros están llenos del espíritu de intelectualismo en vez del Espíritu de Dios.

El conocimiento de la Palabra de Dios no es igual a la piadosa sabiduría espiritual. Muchos estudiantes toman clases de religión en las universidades y pueden citar las Escrituras como lo hacen los mejores cristianos, pero eso no los convierte en expertos o aun en creyentes. Muchos pastores tienen una forma de santidad basada en el conocimiento. Las congregaciones llegar a infatuarse con pastores que tienen cartas y grados con sus nombres, como si de algún modo ellos están más cerca del trono de Dios. Ellos están llenos de definiciones de palabras griegas y hebreas, y, de posiciones doctrinales, mas eso sólo les cubre el hecho de que están secos espiritualmente como un hueso viejo. Hablan de escatología, homilética y cuestiones sacerdotales, pero no conocen a Dios. Yo conozco a un profesor de religión de una universidad que proclama haber leído la Biblia de principio a fin cientos de veces; sin embargo, sigue siendo ateo. Las falsas fachadas y pretensiones a menudo evitan el crecimiento espiritual del pueblo. El verdadero crecimiento espiritual viene a través del sacrificio, la obediencia y la humildad, no a través del intelecto, el orgullo y la razón.

Los líderes intelectuales tienden a ser quisquillosos y dictatoriales sobre las cosas más pequeñas. Ellos controlan estrechamente la administración de la iglesia, el personal de la iglesia y aun a los líderes voluntarios. Todo tiene que ser perfecto. Sus servicios en la iglesia son estrictamente planeados y con guiones, las oraciones son repetitivas y los programas permanecen igual años tras años. En dichas iglesias los cambios pueden tener lugar físicamente, pero pocas veces espiritualmente.

Con frecuencia, la congregación comienza a imitar este tipo de liderazgo. Los grados de universidad o seminario llegan a ser de suma importancia. Aquellos con credenciales y antecedentes apropiadas son las únicas personas dignas para hablar públicamente o dirigir. Aquellos con sólo un grado de licenciatura son vistos como inferiores a alguien con un grado de maestría doctorado. En algunos países asiáticos y del Pacífico Sur la gente no pierde su tiempo escuchando a alguien que no tenga una cantidad de grados universitarios. Esta forma de prejuicio sale de la toxina de legalismo, y, al igual que el cáncer, puede matar la obra del Espíritu Santo desde el interior.

EL ESPÍRITU DE INCREDULIDAD

La incredulidad también puede apagar la obra del Espíritu de Dios. Al inicio del primer día de un seminario de guerra espiritual, me gusta que la gente pase al frente para recibir sanidad física. Esto es para edificar la fe de las personas para la sesión de liberación del día siguiente. En una ocasión, en particular, en las Filipinas, ocho personas se acercaron para recibir sanidad y Dios las sanó a cada una de ellas allí mismo. Verdaderamente el Espíritu Santo estaba moviéndose.

No obstante, al final del segundo día no hubo nada de unción para liberación. Mientras yo reflexionaba en lo que había sucedido esa tarde, una pareja de amigos que habían asistido al seminario reportaron que un grupo de seis personas de una secta local se habían colado por la puerta de atrás.

> La incredulidad es igual que una sábana mojada que asfixia totalmente a la fe. Ella impedirá que el Espíritu Santo haga algún milagro.

Esta secta no cree en el ministerio del Espíritu Santo ni en la existencia de los demonios. Ellos se sentaron en la parte trasera del salón, riéndose y haciendo burlas. Su incredulidad y arrogancia envenenó la sala y apagó al Espíritu de Dios.

En otra ocasión, una cantidad de pastores que no estaban de acuerdo con lo que yo estaba diciendo me desafió. Las discusiones duraron como por una hora. Cuando la hora de liberación llegó, la unción estaba descargada.

Dos años más tarde regresé y la unción era increíble. Todas las personas que asistieron, había más de cien, experimentaron gran liberación y sanidad.

El pastor principal le comentó a mi asistente: "¡Ah, esto no es como la última vez que él estuvo aquí!"

Mi asistente le contestó: "Sí, pero tampoco nadie lo desafió esta vez".

La incredulidad puede acabar con la unción de Dios. En Lucas 8, encontramos el siguiente episodio:

Estaba hablando aún, cuando vino uno de casa del principal de la sinagoga a decirle: Tu hija ha muerto; no molestes más al Maestro. Oyéndolo Jesús, le respondió: No temas; cree solamente, y será salva. Entrando en la casa, no dejó entrar a nadie consigo, sino a Pedro, a Jacobo, a Juan, y al padre y a la madre de la niña. Y lloraban todos y hacían lamentación por ella. Pero él dijo: No lloréis; no está muerta, sino que duerme. Y se hurlaban de él, sabiendo que estaba muerta. Más él, tomándola de la mano, clamó diciendo:

Muchacha, levántate. Entonces su espíritu volvió, e inmediatamente se levantó; y él mandó que se le diese de comer. Y sus padres estaban atónitos; pero Jesús les mandó que a nadie dijesen lo que había sucedido.

(Lucas 8:49–56)

La incredulidad es igual que una sábana mojada que asfixia totalmente a la fe. Ella impedirá que el Espíritu Santo haga algún milagro. Como hizo Jesús en el versículo anterior, lo único que se puede hacer es quitar a los incrédulos. Así mismo, Jesús en otro episodio, dijo: *"No hay profeta sin honra, sino en su propia tierra"* (Mateo 13:57). Cuando usted se levante en fe con el poder de Dios, esté preparado para que la familia, los amigos y aquellos que le son familiares a usted presenten resistencia e incredulidad.

La liberación siempre debe funcionar. Si la unción está ausente, esté seguro que hay un espíritu maligno operando en alguna parte. Hable a otros líderes. Hable a los otros en la sala. Discierna qué espíritu o espíritus están interfiriendo con la obra de Dios. ¿Es el de intelectualismo? ¿Es el de legalismo o formalismo? ¿Es el orgullo religioso o simple incredulidad? ¡Identifíquelo y públicamente échelo fuera en el nombre de Jesús!

Capítulo 5

LOS ÁNGELES

E xisten muchos buenos libros sobre ángeles, por lo que trataré de no ser redun-
dante. En vez de eso, intentaré apegarme a
mi propia experiencia personal y entendimiento
acerca del reino angelical.

PROTECCIÓN DE LOS SANTOS

Los niños tienen ángeles que los protegen.
En Mateo 18:10 Jesús dijo:

*Mirad que no menospreciéis a uno de estos
pequeños; porque os digo que sus ángeles en
los cielos ven siempre el rostro de mi Padre
que está en los cielos.*

Por tanto, de acuerdo a las Escrituras, nosotros sabemos que Dios asigna ángeles guardianes
para que velen por Sus pequeños. Durante años,

yo personalmente he oído incontables leyendas de niños que fueron rescatados del peligro y regresaron contando que un ángel los llevó o guió a lugar seguro.

De acuerdo con mi experiencia, Dios también asigna ángeles para proteger a los creyentes adultos. Durante un viaje a Fiji, tuvimos una fuerte guerra espiritual y liberación. Después de la sesión de la tarde, un hombre se encaminó hacia mí.

"Yo acostumbro adorar a Degei, el dios de Fiji", él dijo, "y algunas veces todavía oigo su voz. Él me dijo que esta noche iba a matarlo a usted".

En el camino de regreso a mi cabaña, oré para que Dios enviara esa noche ángeles a protegerme. Cuando apagué las luces y me acosté, miré un inmenso ángel de pie sobre mi cabaña. Él debe haber medido por lo menos veinticinco pies de alto y la parte de arriba de sus alas dobladas sobrepasaban su cabeza. Era tan brillante que no podía verle sus rasgos faciales, pero claramente podía ver su silueta y el diseño de plumas encima de su ala izquierda.

Esa noche se cortó misteriosamente la electricidad. A la mañana siguiente uno de los estudiantes informó haber visto esa noche a muchos espíritus malignos tratando de atacar la universidad bíblica. Según el estudiante, los espíritus rodearon el recinto universitario pero que no pudieron entrar a la propiedad porque ángeles rodeaban también la universidad. No pudiendo entrar, los espíritus malignos cortaron la energía eléctrica, sólo para demostrar que ellos estaban allí.

Hebreos 1:14, dice: *"¿No son todos espíritus ministradores, enviados para servicio a favor de los que serán herederos de la salvación?"* Los ángeles ministran a favor de los hijos de Dios. Los ángeles andan por la tierra y protegen a los santos cada día. Yo estoy de acuerdo con otros expertos en sanidad y liberación que probablemente hay multitudes de ángeles en la tierra en cualquier momento dado llevando a cabo las misiones de Dios.[6]

ÁNGELES EN LAS FILIPINAS

En las Filipinas tenemos una casa misionera y una universidad bíblica. El vecindario allí va desde hostil a desinteresado, aunque una Iglesia Católica Romana que está cerca predica contra nosotros y ocasionalmente ha efectuado marchas alrededor de nuestro recinto con velas y estatuas. Algunas veces alguien lanza un gallo muerto sobre la cerca. En una ocasión, nosotros regresamos justo a tiempo para apagar un fuego que alguien había provocado en nuestro cuarto de almacenamiento.

Sin embargo, todo aquello acabó la noche en que los vecinos informaron que habían visto a un hombre alto, vestido de ropas blancas traspasar nuestra puerta del frente. Estos vecinos ni siquiera eran creyentes. Nuestros estudiantes y personal, de vez en cuando informaban haber visto columnas de luz brillantes en la casa misionera, y nuestras cámaras han grabado misteriosos círculos de luz girando en las fotos tomadas de nuestra casa misionera en nuestras reuniones de cruzadas. Con frecuencia, cuatro o cinco cámaras utilizadas por diferentes personas grabaron los mismos círculos de luces. Estos círculos de luces son perfectamente simétricos y de intrincado diseño. A través de los años esto ha sucedido muchas veces. Estamos convencidos de que hay muchos ángeles cuidándonos en todo momento.

A principios del año 2006, nos encontrábamos enseñando liberación en una remota provincia donde una esposa y sus tres hijas adolescentes entregaron sus vidas a Cristo. A la mañana siguiente oí gritos fuera de la iglesia. El esposo de la mujer estaba muy enojado con nosotros por haberle convertido a su familia y amenazaba con regresar con un machete y partirnos en trocitos. Ese día nada sucedió, pero dos días más tarde el hombre sumisamente vino y nos contó que días anteriores él estaba tan disgustado que planeó tomar su rifle, entrar a la iglesia y agujerear el techo y el piso sólo por asustarnos. Sin embargo, cuando agarró el rifle, sus pies se pegaron al piso y no pudo moverlos.

Se llenó de miedo y puso el rifle de nuevo en su caja. Una vez que dejó el rifle en su lugar, pudo mover sus pies de nuevo. Creo que los ángeles evitaron que él le quitara la vida a otros y de arruinar su propia vida. Ese día él aceptó a Jesús como su Señor y Salvador.

Siempre que usted tome parte en la liberación y la guerra espiritual, Dios enviará a Sus ángeles para protegerlo y ayudarlo.

OTRAS APARICIONES ANGELICALES

Un día, mientras oraba y echaba fuera demonios, un grupo de nuevos convertidos estaban asustados por la posibilidad de que espíritus malignos vinieran y los atacaran. Para calmar sus temores, yo oré en voz alta y le pedí a Dios que enviara Sus ángeles para que nos rodearan y protegieran. Mientras oraba, apoyé mi pie derecho sobre una silla. Luego regresé a echar fuera los demonios.

Cuando ya había terminado, una mujer que estaba sentada a cierta distancia, en la parte trasera del salón, caminó hacia mí y me dijo: "Hermano Richard, ¿qué hacía usted cuando apoyó su pie derecho sobre la silla?"

"¿Por qué?" Le pregunté.

"Porque repentinamente, ví una cantidad de luciérnagas rodeando al grupo. Por todos lados

127

ellas lanzaban dardos que parecían dar vueltas. "¿Hay luciérnagas en Hawai?", preguntó ella.

"No, ellos eran ángeles", le dije.

Ha habido veces cuando los ángeles se han aparecido durante los servicios. Muy a menudo un ángel alto se aparece detrás de a mí, un poco a mi izquierda. En otras ocasiones, más de un ángel se aparecerá detrás de mí. Esto no sólo sucede en mi iglesia, sino en otras iglesias a donde voy a dar conferencias sobre guerra espiritual.

En Hawai, en una iglesia en la que nunca antes yo había estado, un ángel apareció mientras daba una enseñanza sobre liberación. Una mujer en la congregación quien nunca me había conocido y probablemente nada sabía acerca de liberación, lo vio. Él era tan real que durante el receso ella envió a su esposo a investigar si alguien estaba oculto detrás de las cortinas. Ella continuaba exclamando: "¿Vieron ustedes el tamaño de él?"

En otras ocasiones la gente daba testimonio de ángeles que agarrados de la mano y rodeando la sala formaban círculos. Éstos no eran altos, probablemente de cuatro pies cuando mucho, según dicen los que los miraron. Ellos aparecieron solamente en silueta y como figuras de luz.

ÁNGELES AYUDADORES

En Fiji participaba en un servicio de liberación

cuando el pastor mismo cayó al piso sacudiéndose. Nos juntamos alrededor de él y procedimos a echar fuera los demonios mientras él continuaba tendido en el piso. Más tarde, después de que él se había recuperado completamente, el pastor pidió compartir con la congregación su experiencia.

Él informó que mientras se encontraba tendido de espaldas siendo liberado, un inmenso ángel pasó sobre él y luego se puso detrás de mí en el estrado. Recuerda que pensaba para sí mismo: *Me pregunto si es un ángel de luz enviado por Satanás.* En este punto, el ángel levantó su visera y sonrió. No era como otras sonrisas que usted haya visto en la tierra. El ángel era increíblemente bello.

"Me pregunté si era una mujer", dijo el pastor, "pero cuando vi su cuerpo, sus músculos eran tan grandes que aparentaba ser varón".

Luego el ángel sacó su espada hasta la mitad de la vaina. La espada era tan brillante que el pastor debía protegerse los ojos.

A la mañana siguiente, mientras el mismo pastor comenzaba su clase, fue testigo de lo que parecía ser una compañía entera de ángeles entrando a la sala de clase llevando trajes blindados. Ellos colgaron sus trajes en perchas invisibles y se colocaron en la parte posterior del salón, conversando entre ellos.

"Ellos eran como usted y yo", me comentó él más tarde. "Ellos estaban observando, con los brazos cruzados y conversando. Después, dos de ellos comenzaron a tomar medida a las personas, de la misma manera que lo haría un sastre. Creo que ellos estaban tomando medida para los trajes blindados que ellos traían".

> Los ángeles realizan proezas sobrehumanas para protegernos; ellos nos acompañan en nuestros viajes, nos protegen del maligno y montan guardia alrededor nuestro para protegernos.

Cuando vamos al combate contra el reino de las tinieblas, no estamos solos. Dios envía ángeles para que estén a nuestro lado. Hay muchos ángeles poderosos a nuestro lado. *Si Dios es por nosotros, ¿quién contra nosotros?"* (Romanos 8:31).

He sido testigo de ángeles manifestándose muchas veces durante un servicio de liberación. Cierta ocasión, mientras yo oraba por una mujer, ella agarró su garganta y con voz áspera dijo: "Hay uno que se clava en mi garganta".

Oré en voz alta, diciendo: "Dios, por favor

envía Tus ángeles para que saquen este espíritu de su garganta".

Con el rabillo de mi ojo izquierdo vi una luz azulina entrando rápidamente y yendo directo a la garganta de la mujer. Inmediatamente, ella se agarró su garganta. Tosió, vomitó, y, el espíritu salió.

En otra ocasión, yo estaba orando por una mujer que creía que ella tenía una serpiente grande enrollada alrededor de su cuerpo. Le pedí a Dios que enviara ángeles para que nos ayudaran.

Después que echamos fuera los demonios, la mujer me preguntó: "¿Qué son los ángeles?" Ella era una nueva convertida y nunca había oído acerca de los ángeles.

"Son espíritus", le dije, "enviados por Dios para ayudarnos. ¿Por qué?"

"Bueno", dijo ella, "cuando usted mencionó a los ángeles, de repente la sala se llenó de luces brillantes. Parecían pequeños círculos de luces. Vi a uno grande sentado sobre ese libro azul que está allí". Ella señaló mi Biblia que tiene cubierta azul.

En otra ocasión, un amigo budista vino a la iglesia por primera vez. Yo tenía más de un año de estarlo invitando, y, por fin vino. Después del servicio, me encaminé hacia él para saludarlo y noté sus ojos abiertos ampliamente.

"¿Qué es eso?" preguntó. "¿Usted tiene efectos de luces especiales? Mientras usted estaba hablando vi detrás y a su izquierda una columna grande de luz. La luz era tan brillante que yo no podía abrir los ojos".

"No", le dije. "Son los ángeles de la iglesia protegiendo la Palabra".

LOS ÁNGELES AHORA Y EN EL FUTURO

Cuando los apóstoles fueron llevados a prisión por predicar el Evangelio y sanar a los enfermos, un ángel se les apareció y abrió las puertas de la prisión (Véase Hechos 5:19). Un ángel se apareció ante Cornelio y le dio instrucciones de que enviara hombres a Jope para llamar a Pedro (Véase Hechos 10:3–5). Un ángel hirió de muerte al rey Herodes cuando éste se rehusó darle la gloria a Dios (Véase Hechos 12:23). Un ángel del Señor rescató a Pedro, rompiendo las cadenas y sacándolo de prisión (Véase Hechos 12:7–10). Los ángeles realizan proezas sobrehumanas para protegernos; ellos nos acompañan en nuestros viajes, nos protegen del maligno y montan guardia alrededor nuestro para protegernos.

Los ángeles hacen incontables cosas por nosotros sin que nos demos cuenta. Una miembro de mi iglesia, muy entrada la noche, manejaba hacia su casa sobre una colina bien empinada, cuando se desmayó. Lo que ella supo al volver en sí es que estaba colgando cabeza abajo sostenida por el cinturón de seguridad. Había caído en una zanja, una colina y había rodado hasta que el auto cayó sobre el techo. El carro estaba casi totalmente destrozado. Sin embargo, la mujer no sufrió más que unos rasguños. ¿Pudo ser que ángeles la protegieron? Yo creo que sí.

En una ocasión, bendije una casa en la que los ocupantes acostumbraban ver sombras oscuras y a oír pasos en las escaleras. Le pedí a Dios que enviara ángeles a cuidar esa casa. Seis meses más tarde, vi al marido de la familia y le pregunté si habían experimentado cosas extrañas después que bendijimos su casa.

"No", respondió, "pero en una ocasión vi una luz brillante, como una columna de luz en mi escalera".

Definitivamente, los ángeles estaban operando.

Yo creo que en las batallas venideras contra el reino de las tinieblas, Dios enviará a Sus ángeles con mensajes para nosotros, para protegernos y para ministrar en muchas otras maneras a los herederos de la salvación (Véase Hebreos 1:14). Ellos trabajarán con nosotros para la llegada del reino.

Gozo y risa en Fiji

Cuando estuve hace varios años en Fiji, nuestro ministerio había salido de una gran batalla con el enemigo; batalla durante la cual Dios libertó a más de cien personas. A la mañana siguiente, mientras alabábamos y adorábamos al Señor, algunos de los estudiantes comenzaron a caer al suelo, riéndose. Otros se levantaron, riendo incontroladamente. Pronto, otros estudiantes corrían en el patio, bamboleándose y riéndose. Esto duró dos horas.

Mas tarde, quince estudiantes se acercaron a mí para compartir lo que habían experimentado. Casi todos ellos informaron haber visto cientos de ángeles desfilando por la sala de clase, bailando y riendo con los estudiantes. Muchos de los que había corrido en el patio informaron que estaban jugando una forma de juego infantil del corre que te alcanzo con los ángeles. Otro estudiante informó que un ángel le dijo que ellos regresarían por la noche. Efectivamente, esa noche tan pronto como comenzamos a cantar y alabar, un rayo de luz cayó desde el cielo y llenó el salón, y, cientos de ángeles regresaron a jugar con los estudiantes. Ellos se rieron hasta la una de la madrugada.

En los días que siguieron, la risa no se repitió, pero estábamos conscientes de que a menudo los ángeles estaban entre nosotros y la unción era intensa para hacer la obra del Señor.

Lo que la iglesia necesita es aprender a reaccionar positivamente ante los ángeles de Dios, cómo cooperar con ellos, cómo pedirle a Dios por ellos y cómo unirnos a ellos en la guerra espiritual. Una cosa es cierta: los ángeles están dondequiera que los santos estén.

Con el tiempo, me acostumbré tanto a tener ángeles alrededor mío mientras ministraba en Fiji que en uno de mis últimos viajes me sentí tan desilusionado porque nadie vio ángeles.

"Oye, Señor", oré. "¿Estás molesto conmigo? ¿Estoy haciendo algo malo esta vez?"

No pasó nada. No obstante, mientras estábamos de pie en el aeropuerto de Nadi esperando por nuestro vuelo de regreso a casa, una de las mujeres que hablaba conmigo, saltó de repente hacia atrás y se ruborizó.

"¡Ah!", dijo ella con voz pausada. "A cabo de ver un enorme ángel situado detrás de usted. ¡Es tan grande que mi cabeza le llega al muslo!"

Me parece que era la manera en que Dios me decía. "A medida que maduras, necesitas moverte por fe y no por vista. Sólo porque no veas ángeles no quiere decir que no estén alrededor protegiéndote y peleando las batallas espirituales".

Dando destreza y entendimiento

En el libro de Daniel, Dios envió el ángel Gabriel a Daniel para que le interpretara su visión. Gabriel le dijo: *"Daniel, ahora he salido para darte sabiduría y entendimiento"* (Daniel 9:22). Aparentemente, los ángeles pueden dar sabiduría y entendimiento a la humanidad. Cómo hacen esto los ángeles, es difícil decirlo, pero es definitivo que Dios envía ángeles. En el versículo 23, el ángel le dijo a Daniel: *"Al principio de tus ruegos fue dada la orden"*. Dios ordenará a Sus ángeles que ayuden a los santos y les den destreza y entendimiento. Nunca debemos adorar a los ángeles, pero *debemos* trabajar con ellos e incluso pedirle a Dios que los envíe para que nos ayuden.

Serafines: Ángeles de luz que giran

En las Escrituras, Ezequiel habla de serafines (Véase Ezequiel 1–2). Los serafines son un tipo de ángel. De acuerdo con Ezequiel, ellos volaban hacia atrás y hacia delante con ruedas giratorias. Sabemos que los ángeles—multitudes tras multitudes de ángeles—rodean el trono de Dios donde ellos ministran a Dios:

> Y miré, y oí la voz de muchos ángeles alrededor del trono, y de los seres vivientes, y de los ancianos; y su número era millones de millones. (Apocalipsis 5:11)

Referencias a estos siervos de Dios llenan el Nuevo Testamento. A menudo Jesús habló de ángeles (Véase, por ejemplo Mateo 13:39, 41, 49; 16:27; 18:10; 22:30 y 24:31). Si no hubiera tales cosas como los ángeles, eso haría mentiroso a Dios. Jesús mencionó los ángeles cuando le dijo a Natanael: *"De cierto, de cierto os digo: De aquí en adelante veréis el cielo abierto y a los ángeles de Dios que suben y descienden sobre ele Hijo del Hombre"* (Juan 1:51). Ese anuncio no fue sólo para los tiempos de Jesús; es para hoy también. Los ángeles todavía ascienden y descienden sobre los hijos de luz.

Fue un ángel quien también le ministró a Jesús en el huerto del Getsemaní antes de Su crucifixión (Véase Lucas 22:43). Cuando Jesús se levantó de entre los muertos, un ángel se sentó sobre la roca que había sido quitada y le habló a las mujeres que habían venido a la tumba (Véase Mateo 28:2).

Cuando Jesús ascendió al cielo, se aparecieron dos ángeles y dijeron a los discípulos: *"Varones galileos, ¿por que estáis mirando al cielo? Este mismo Jesús, que ha sido tomado de vosotros al cielo, así vendrá como le habéis visto ir al cielo"* (Hechos 1:11).

Tal como Él lo ha hecho en el pasado, Dios enviará a Sus muchos ángeles para que ayuden a Sus escogidos en los tiempos del fin que está por venir.

LOS ÁNGELES EJECUTARÁN EL JUICIO

El libro de Apocalipsis dice que los ángeles jugarán un papel principal llevando a cabo los juicios de Dios sobre la tierra en los tiempos del fin. En Apocalipsis 7, Dios llama a cuatro ángeles para que ejecuten Sus juicios: *"Y clamó a gran voz a los cuatro ángeles, a quienes se les había dado el poder de hacer daño a la tierra y al mar"* (Apocalipsis 7:2). En Apocalipsis 9:15 eliminan a una tercera parte de los hombres. En Apocalipsis 15:8, ángeles con siete plagas llevan a cabo juicio sobre la tierra. En Apocalipsis 16:4, copas son derramadas por ángeles sobre el mar. Todo ser viviente del mar muere. Diferentes copas traen consigo juicios adicionales. Los ángeles de Dios cumplirán con Su voluntad durante el período de la tribulación que está por venir.

El punto es que los ángeles jugarán un papel importante en los tiempos del fin que está por venir pronto. Ellos han sido asignados por Dios y ya están por toda la tierra. Llegará el momento cuando los verdaderos santos de Dios conocerán a estos ángeles y trabajarán lado a lado con ellos.

Cuando vamos contra el reino de las tinieblas, no estamos solos. Hay multitud de ángeles alrededor nuestro y listos para luchar por nosotros. Es como si los ángeles estuvieran ansiosos de entrar en combate. Ellos solamente esperan que nosotros hagamos nuestra parte.

DE VARIOS TAMAÑOS Y APARIENCIAS

Dios creó a los ángeles. Al parecer, tienen diferentes tamaños y formas. La Biblia llama a algunos serafines y a otros querubines. Algunos tienen más de un par de alas; algunos tienen cabeza de animales y plumas (Véase Ezequiel 1:5-10).

Los ángeles pueden aparecer como inmensos seres humanos, con frecuencia de ocho a diez pies de alto y poderosa constitución. Ángeles guerreros han sido vistos con armadura completa y portando espadas. Parecen levantadores de pesas y son hermosos e impresionantes a la vista. Algunos tienen alas y otros no. Ellos también pueden parecerse a seres humanos—no hermosos, sino comunes y corrientes. Hebreos 13:2 dice: *"No os olvidéis de la hospitalidad, porque por ella algunos, sin saberlo, hospedaron ángeles".*

> **Cuando vamos contra el reino de las tinieblas, no estamos solos. Hay multitud de ángeles alrededor nuestro y listos para luchar por nosotros.**

En una ocasión, estacioné el auto en la calle, esperando con mi esposa y dos de mis hijos pequeños para recoger, a mi hijo mayor y a mi hija, de la escuela de idiomas y estacioné mi carro a la orilla de la calle para esperarlos. Era un día caluroso y en el carro estábamos transpirando. Mientras estábamos sentados, noté una heladería en la cercanía y se me vino una idea.

"Está demasiado caluroso. Vamos a comprar helados", exclamé.

Mi esposa respondió: "Pero yo no tengo dinero. Estaba muy ocupada para ir al banco".

Yo tampoco traía dinero. Nos sentamos allí por unos minutos, decepcionados por la idea de irnos sin helado. De repente, un anciano de origen asiático, salió de la nada por la parte trasera del vehículo. Comenzó a mirar dentro de mi carro, saludando a mis dos hijos y sonriéndoles como un tierno abuelo jugando con sus nietos.

Él vino hacia donde mi esposa, quien tenía bajada la ventana, y le dijo: "Hoy es mi cumpleaños. Permítame comprar algunos helados para que celebremos. ¿Le parece bien?"

Mi esposa y yo nos miramos mutuamente, y uno de mis hijos dijo: "¿Podemos papá?"

"Creo que sí", respondí, "pero solamente para los niños". Yo estaba demasiado orgulloso y apenado por aceptar un helado de un extraño.

Nosotros observábamos al hombre cuando compraba los dos conos de helado y se los pasaba a mi hijo. Luego se metió la mano al bolsillo, puso algo en la mano de mi hijo y le señaló hacia el cielo. Mi hijo regresó al carro.

"Papá", dijo mi hijo, "él me dio esto y me dijo que comprara también helados para usted y mamá". Era un billete de diez dólares. Mi hijo luego dijo: "Antes de irse, el hombre señaló al cielo y dijo: 'Dile a tus padres que yo vengo de allá arriba'. Enseguida señaló al cielo y se fue".

Emocionado, le dije a mi hijo: "Ve si lo puedes alcanzar y dale las gracias".

Mi hijo corrió alrededor del edificio por donde se había ido el hombre. Él no pudo haber caminado más de cincuenta pies puesto que caminaba muy despacio.

Prontamente mi hijo regreso y exclamó, "¡Se ha ido! ¡No sé dónde está!".

Si ese hombre hubiera caminado alrededor del edificio, él hubiera estado a la vista. Sin embargo, él simple y sencillamente desapareció. ¡Qué maravilloso es nuestro Dios! Yo no había orado para que Él enviara un ángel a darnos helados. En mi vida, nunca había comido un helado mejor.

No les damos órdenes a los ángeles

Los ángeles son espíritus ministradores que ayudan a los herederos de la salvación. Nosotros no les damos órdenes, Dios los envía para ayudarnos. Ellos obedecen a Dios y no obedecen a los hombres directamente. Salmos 103:20 dice: *"Bendecid a Jehová, vosotros sus ángeles, poderosos en fortaleza, que ejecutáis su palabra, obedeciendo a la voz de su precepto".*

Nosotros enlistamos la ayuda de los ángeles al pedirle a Dios que los envíe. Dios es fiel en enviarlos a nosotros si esa es Su voluntad. Digo "si esa es Su voluntad" porque puede haber momentos en que algún humano obre en contra de la voluntad de Dios, ya sea deliberada o indeliberadamente. Entonces, es inconcebible que Sus ángeles lleven a cabo cualquier tarea que vaya contraria a Su voluntad.

> Es altamente probable que los ángeles nos hayan protegido y salvado de muchas trampas de Satanás sin que nosotros lo sepamos.

Con frecuencia, Dios envía Sus ángeles sin que lo pidamos. Es altamente probable que los ángeles nos hayan protegido y salvado de muchas trampas de Satanás sin que nosotros lo sepamos. Sin duda, sus ángeles le han protegido a usted sin que usted mismo lo sepa. Imagínese todos los infortunios y accidentes que Satanás ha preparado pero que han sido malogrados y desviados por los ángeles de Dios en favor nuestro.

GUERRA ANGELICAL COLECTIVA

Cuando el pueblo de Dios se une y hace guerra colectiva contra el reino de Satanás, también lo hacen los ángeles de Dios. A medida que nosotros atamos a los hombres fuertes y los atacamos en medio de los cielos, los ángeles toman nuestras palabras y las ejecutan.

Durante un retiro de oración, los varones de nuestra iglesia se unieron para hacer guerra espiritual. Cerca de quince de nosotros nos levantábamos, orábamos y dábamos voces a medida que atábamos los espíritus gobernadores de los cielos. Mientras continuábamos tirando lanzas de oración y atacando al reino demoníaco, varios hombres vieron una multitud de ángeles que también luchaban en perfecta formación. Otros vieron carrozas que eran empujadas por enormes caballos blancos.

Mientras los santos tiraban lanzas de oración, varios hombres fueron testigos de ángeles que tomaban esas lanzas en lo espiritual y les daban tan tremenda fuerza e ímpetu que éstas hacían pedazos a sus blancos y dejaban un hueco por donde la brillante luz del cielo irrumpía.

Uno de los varones vio a un enorme espíritu demoníaco que estaba vestido de verde y lucía como el espíritu guerrero chino llamado Kwan Dai Goong. Éste miraba al grupo de oradores como diciendo, "¿Qué está pasando aquí? ¿Ustedes piensan que pueden derrotarnos? De ninguna manera". Ese espíritu estaba sorprendido de que un grupo de humanos pudieran penetrar los cielos.

Desafortunadamente, los hombres no continuaron haciendo guerra espiritual después de esto. Personalmente creo que si el pueblo de Dios hiciera guerra espiritual diaria o semanalmente, nosotros ataríamos a los dictadores del diablo y reclamaríamos nuestras ciudades, nuestros pueblos y nuestros vecindarios para el reino de Dios. No obstante, los ángeles de Dios están siempre listos para guerrear por los santos.

Esperando el mandato de Dios

Durante un viaje a Fiji, cuatro chicas testificaron que en cierta noche fueron llevadas al cielo en el espíritu. Un ángel llevó a una de las chicas a ver una enorme carroza llena con cientos de ángeles vestidos en completo uniforme de guerra. A la cabeza de la carroza estaba un enorme ángel, con su espada desenvainada y elevada al cielo. Él estaba tan perfectamente quieto que a ella le pareció que éste era una estatua. Sin embargo, cuando ella se colocó al lado del ángel, sus ojos le vieron a ella; fue entonces que ella se dio cuenta que él era real. "¿Qué está haciendo?", preguntó la chica.

"Él está esperando el mandato de Dios", respondió su ángel guía.

Un día cercano habrá una guerra colosal entre Miguel y el resto de los ángeles de Dios contra Satanás y su horda maligna. En ese día glorioso, Satanás y sus ángeles rebeldes serán derrotados y echados a la tierra.

Apocalipsis 12:7–9 dice:

Después hubo una gran batalla en el cielo: Miguel y sus ángeles luchaban contra el dragón; y luchaban el dragón y sus ángeles; pero no prevalecieron, ni se halló ya lugar para ellos en el cielo. Y fue lanzado fuera el gran dragón, la serpiente antigua, que se llama diablo y Satanás, el cual engaña al mundo entero; fue arrojado a la tierra, y sus ángeles fueron arrojados con él.

Miguel y sus ángeles lucharán contra el dragón y sus ángeles porque los santos de la tierra también estarán luchando. Es improbable que Dios le ordene a Miguel hacer un favor a los santos al limpiar los cielos sin que los santos luchen también.

Recuerde las palabras de Jesús al darle a Pablo su misión mientras este iba camino a Damasco: *"...librándote de tu pueblo, y de los gentiles, a quienes ahora te envío, para que abras sus ojos, para que se conviertan de las tinieblas a la luz, y de la potestad de Satanás a Dios..."* (Hechos 26:17–18). Esa es todavía nuestra misión, hacer retroceder a las tinieblas y confrontar el poder de Satanás.

Cuando los santos se den cuentan que deben unirse para enfrentarse al enemigo, clamar y hacer guerra en los cielos, Miguel y sus ángeles tomarán las oraciones de los santos y las cumplirán.

Tal como lo dijo Jesús,

Pero si yo por el Espíritu de Dios echo fuera los demonios, ciertamente ha llegado a vosotros el reino de Dios. Porque ¿cómo puede alguno entrar en la casa del hombre fuerte, y saquear sus bienes, si primero no le ata? Y entonces podrá saquear su casa.

(Mateo 12:28–29)

A medida que la iglesia lucha contra los hombres fuertes de las áreas celestiales y ora para atarlos, los ángeles de Dios tomarán las cadenas de los cielos y harán el trabajo por nosotros. Un día, cuando el cuerpo de Cristo se una en batalla, Dios enviará al arcángel Miguel y a Sus ángeles a derrotar a todo el ejército satánico en los cielos y a lanzarlos a la tierra. Ahora mismo Dios está reuniendo a Sus tropas.

Creo que hay multitudes de ángeles en las áreas celestiales listos para la batalla. Cuando el cuerpo de Cristo llegue a ser lo suficientemente maduro para hacerle lucha al enemigo en una guerra verdadera, los ángeles de Dios lucharán por nosotros y con

> **Las Escrituras dejan muy en claro que de ninguna manera debemos adorar a los ángeles. Ellos simplemente son seres creados y consiervos nuestros para servir al Dios Altísimo.**

nosotros—lado a lado. Cuando Jesús venga, Él vendrá con ayuda: "*Y los ejércitos celestiales, vestidos de lino finísimo, blanco y limpio, le seguían en caballos blancos*" (Apocalipsis 19:14). Nótese que Él viene acompañado de *ejércitos*—en plural. Uno de los grupos que sabemos estará listo serán los hombres y mujeres de la tierra:

> *Y cantaban un cántico nuevo delante del trono, y delante de los cuatro seres vivientes, y de los ancianos; y nadie podía aprender el*

> *cántico sino aquellos ciento cuarenta y cua-*
> *tro mil que fueron redimidos de entre los de*
> *la tierra.* (Apocalipsis 14:3)

Yo creo que uno de esos ejércitos serán esos ciento cuarenta y cuatro mil hombres y mujeres redimidos de la tierra. Creo también que el otro ejército estará compuesto por ángeles.

Las Escrituras dejan muy en claro que de ninguna manera debemos adorar a los ángeles (Véase Colosenses 2:18). Ellos simplemente son seres creados y consiervos nuestros para servir al Dios Altísimo. Por otro lado, debemos darnos cuenta que no estamos solos. Un completo ejército de ángeles llega a estar de nuestro lado a medida que maduramos en Cristo. Llegará el día en que el ver ángeles será un evento tan común para los verdaderos santos de Dios. Es inevitable que los santos un día jugarán un papel en la derrota del reino de Satanás, con los ángeles de Dios luchando lado a lado nuestro.

Los ángeles jugarán un papel principal durante el fin de los tiempos. Aquellos que caminan con el Señor y obran para el Reino trabajarán con los ángeles para cumplir la voluntad del Señor. Los ángeles son, entonces, nuestros consiervos.

PARTE II

CONFLICTO
ESPIRITUAL GLOBAL

Capítulo 6

¡Estamos en guerra!

La guerra espiritual es más que echar fuera a unos cuantos demonios, sanar enfermos, saltar o limpiar casas embrujadas.

> *Porque no tenemos lucha contra sangre y carne, sino contra principados, contra potestades, contra los gobernadores de las tinieblas de este siglo, contra huestes espirituales de maldad en las regiones celestes.*
>
> (Efesios 6:12)

> *Sabemos que somos de Dios, y el mundo entero está bajo el maligno.* (1 Juan 5:19)

Nuestro deber no está limitado a liberar a unas cuantas personas aquí y allá. Es mucho más amplio. Estamos en el centro del conflicto entre el reino de luz de Dios y el reino de las tinieblas de Satanás.

El más grande avivamiento de
todos los tiempos

En Mateo, Jesús dijo: *"Y será predicado este evangelio del reino en todo el mundo, para testimonio a todas las naciones; y entonces vendrá el fin"* (Mateo 24:14, el énfasis fue añadido).

En Marcos, Jesús habló del fin del mundo:

> *Principios de dolores son estos. Pero mirad por vosotros mismos; porque os entregarán a los concilios, y en las sinagogas os azotarán y delante de gobernadores y de reyes os llevarán por causa de Mí, para testimonio a ellos. Y es necesario que el evangelio sea predicado antes a todas las naciones.* (Marcos 13:8–10)

De igual manera, Apocalipsis 14:6 dice:

> *Vi volar por en medio del cielo a otro ángel, que tenía el evangelio del reino para predicarlo a los moradores de la tierra, a toda nación, tribu, lengua y pueblo.*

En otras palabras, antes de que el fin del mundo venga, primero habrá un gran avivamiento. ¡La Palabra de Dios no volverá vacía!

Una visión y un ángel

En 1998, me encontraba enseñando en una universidad bíblica en una remota ciudad de

Lal-lo, provincia de Cagayan, al norte de las Filipinas. Les pedí a los estudiantes que pasaran al frente para orar y pudieran ellos ser bautizados en el Espíritu Santo. Cuando yo impuse manos sobre dos muchachas a mi derecha, los dieciséis estudiantes cayeron al suelo al mismo tiempo y empezaron a llorar y a hablar en lenguas.

En ese mismo momento, mi sobrina que estaba de pie en medio de la iglesia tuvo una visión de un inmenso arrozal que se extendía hasta donde los ojos podían ver. Los tallos estaban verdes todavía, pero estaban tan cargados con granos que casi tocaban el suelo. Los granos de arroz se volvieron personas vestidas de blanco. Ella sintió la presencia de Dios y vio a un gran ángel de pie detrás de mí, con un rollo grande en sus manos.

"¿Es usted el ángel de esta iglesia?", le preguntó.

"No", contestó el ángel. "Yo soy el ángel de Tuculana", refiriéndose a un distrito de la vecindad local. "Este rollo contiene los nombres de hombres, mujeres y niños que entrarán al reino de nuestro Señor Jesucristo en el avivamiento que está por venir".

Todo el tiempo, mi sobrina miraba a muchos ángeles más pequeños que volaban debajo del cielo raso.

AVIVAMIENTO EN LAS FILIPINAS

A mi regreso a Hawai, supe que muchos profetas habían profetizado que el último avivamiento comenzaría en las Filipinas. El norteamericano James Horvath produjo un mensaje en una cinta de video en la cual él dice que recibió una visión del mapa de las Filipinas. En ese mapa, una bola roja saltó de norte a sur, de este a oeste, comenzando fuegos dondequiera que tocaba. Después saltó a otros países. Desde entonces, Horvath ha estado viniendo cada año a las Filipinas para llevar a cabo grandes cruzadas en las provincias del norte.

Tres años más tarde, a principios del 2001, regresamos a Lal-lo donde mi esposa y otras dos mujeres, durante un servicio de liberación, vieron el mismo ángel de pie detrás de mí. Esta vez, dos ángeles grandes se pusieron uno a cada lado de él. Él está esperando la orden de Dios para entrar en acción. ¡El avivamiento está llegando a las Filipinas!

Estoy bien consciente de que otros profetas han proclamado que el avivamiento final comenzará en otros lugares alrededor del mundo. Realmente, donde comience no es lo importante, lo importante es que la voluntad de Dios se cumpla y que el cuerpo de Cristo ore juntos y combatan el reino de las tinieblas como un solo cuerpo.

Hasta entonces nosotros veremos el avivamiento venidero.

No obstante, el avivamiento no será automático. ¿Qué se necesita para que haya avivamiento en el cuerpo de Cristo? ¿Qué debe preceder a la cosecha? Estas son preguntas importantes.

El ayuno y la oración no son suficientes

Muchos cristianos alrededor del mundo ayudan y oran constantemente por un avivamiento. Sin embargo, el avivamiento no vendrá tan fácilmente esta vez porque el avivamiento de este siglo será diferente a todos los anteriores.

> **La chispa del siguiente avivamiento será más difícil porque será tan grande como extenso en su alcance. También será el último y más grande avivamiento de este siglo.**

Los eruditos dicen que los pasados avivamientos tuvieron lugar por las fervientes oraciones de unos pocos hombres y mujeres dedicados y determinados a recibirlos. Evan Roberts, durante siete años, dirigió un de oración antes de que llegara el avivamiento a Gales en 1904. William Seymour y Frank

Bartleman ayunaron y oraron tanto y tan fuerte que sus esposas temieron por sus vidas. No obstante, ellos movieron la mano de Dios, y, en 1906 el avivamiento inició en una pequeña iglesia de la Calle Azusa, en Los Ángeles. Charles Finney y otros ayunaron y oraron, y, el Segundo Gran Despertamiento tuvo lugar a principios de 1800.

La chispa del siguiente avivamiento será más difícil porque será tan grande como extenso en su alcance. También será el último y más grande avivamiento de este siglo. El Gran Avivamiento de Gales duró solamente un año (1904–1905) y atrajo entre cien y ciento ochenta mil nuevos convertidos. El Segundo Gran Despertamiento de Charles Finney trajo unos quinientos mil nuevos convertidos. El Avivamiento de la Calle Azusa presentó un cuadro parecido, aunque más tarde se le acreditó haber ayudado a la expansión del Pentecostalismo alrededor del mundo.

Sin embargo, el avivamiento que está por llegar, ¡involucrará a cientos de millones de convertidos alrededor del mundo! Verdaderamente, *"será predicado este evangelio del reino en todo el mundo, para testimonio a todas las naciones; y **entonces vendrá el fin"** (Mateo 24:14, el énfasis fue añadido).

Este avivamiento venidero también marca el fin del reino de Satanás sobre la tierra. En el pasado, Satanás podía aguantar la pérdida de unas cientos de miles de almas mientras su reino como dios de este mundo no era seriamente amenazado. No obstante, esta vez, Apocalipsis nos dice que Satanás será derrotado y echado a la tierra y nunca más regresará a los cielos. Ahora mismo Satanás sabe cual es su destino final.

Satanás todavía gobierna como *"príncipe de las potestades del aire"* (Efesios 2:2). Sin embargo, su derrota ya está ordenada (Véase Lucas 10:18; Apocalipsis 12:7–10). Entre tanto, él llega al trono de Dios para acusarnos de día y de noche.

La última resistencia de Satanás

Satanás no va a ceder su poder tan fácilmente. Aun cuando el avivamiento llegue, no se dará por vencido. Él se lanzará contra las iglesias y los cristianos con venganza y gran ira (Véase Apocalipsis 12:13–17). Él establecerá su religión y gobierno mundial (Véase Apocalipsis 13:7–8) para gobernar el mundo y destruir al cristianismo.

La bestia de Satanás sale para *"hacer guerra contra los santos y vencerlos"* (Apocalipsis 13:7). Daniel lo pone de esta manera: *"Y veía yo que este cuerno [en la bestia] hacía guerra contra los santos, y los vencía"* (Daniel 7:21).

La descripción continúa:

> *Y hablará palabras contra el Altísimo, y a los santos del Altísimo quebrantará, y pensará*

en cambiar los tiempos y la ley; y serán entre-
gados en su mano hasta tiempo, y tiempos, y
medio tiempo. (Daniel 7:25)

Por tres años y medio Satanás tratará de destruir a la iglesia y a los santos. ¡Definitivamente
hay una guerra por venir!

GOBIERNO Y RELIGIÓN MUNDIALES

Apocalipsis describe los acontecimientos
mundiales que conducen a esta guerra: *"También*
se le dio autoridad sobre toda tribu, pueblo, lengua y
nación. Y la adoraron todos los moradores de la tie-
rra cuyos nombres no estaban escritos en el libro de la
vida" (Apocalipsis 13:7–8).

La mayoría de los eruditos bíblicos se refie-
ren a este líder mundial como la "Bestia Dictador"
o "Anticristo". En los versículos 11–18 se dice que
una segunda bestia le dará poder a la primera bestia. Al describir a esta segunda bestia, dice: *"Tenía*
dos cuernos semejantes a los de un cordero, pero hablaba
como dragón" (Versículo 11). En otras palabras, él
aparecerá como representante del Cordero de
Dios, o Cristo en la tierra, pero trabajará para Satanás. Apocalipsis 19:20 lo llama el *"falso profeta"*. Con
toda seguridad, él será una figura religiosa reco-
nocida como líder mundial de la "cristiandad".

El 30 de agosto de 2000, más de mil delegados
de cada religión mayor (y menor) en el mundo se

reunieron en la Cámara de la Asamblea General de las Naciones Unidas en un intento por formar un capítulo para lo que sería una religión mundial. Todas las religiones fueron ampliamente aplaudidas, excepto el cristianismo. De acuerdo con el libro *Paz Global,* de David Hunt, cada dos años desde 1986, el Vaticano ha invitado a representantes de otras religiones grandes a asistir a reuniones para discutir y promover una sola religión mundial.[8]

El 30 de septiembre de 2000, delegados de más de ciento cuarenta países se reunieron en las mismas cámaras de las Naciones Unidas para buscar consenso para el Capítulo de Democracia Global, lo cual, en efecto, transformaría a las Naciones Unidas en un sólo gobierno mundial.

EL AVIVAMIENTO VENIDERO

La mayoría de los avivamientos mundiales pasados han sido esporádicos y limitados en alcance, y, por supuesto, ninguno de ellos marcó el fin del mundo. Sin embargo, de acuerdo con la Biblia, el avivamiento venidero traerá persecución y tribulación sin precedentes, y, será el principio del fin del mundo que conocemos.

De acuerdo con las Escrituras, Satanás está consciente del hecho que él está destinado a ser atado y lanzado al fondo del abismo (Véase

Apocalipsis 20:2–3) y por ultimo lanzado al Lago de Fuego (Véase Apocalipsis 20:10). A la luz de esto, Satanás está determinado a destruir a todo cristiano sobre la faz de la tierra. No permita que lo engañen. ¡La guerra ya comenzó!

PROSCRITO EL CRISTIANISMO

En Mateo, los discípulos de Jesús le preguntaron acerca de las señales de los tiempos del fin: *"Dinos, ¿cuándo serán estas cosas, y qué señal habrá de tu venida, y del fin del siglo?"* (Mateo 24:3).

Después de detallar los acontecimientos indicando el *"el principio de dolores"* (Versículo 8), Jesús dijo:

> Y será predicado este evangelio del reino en todo el mundo, para testimonio a todas las naciones; y entonces vendrá el fin.
>
> (Mateo 24:14)

Antes de que llegue el fin, toda persona oirá de Jesús y tendrá la oportunidad de aceptarlo como Señor y Salvador. Muchos aceptarán esta invitación. Otros no lo harán.

Tristemente, en el siguiente versículo Jesús dijo:

> Por tanto, cuando veáis en el lugar santo la abominación desoladora de que habló el

profeta Daniel (el que lee, entienda), entonces
los que estén en Judea, huyan a los montes.
(Mateo 24:15-16)

Pero ¿qué es la "abominación desoladora de
que habló el profeta Daniel?" Veamos lo que dijo
Daniel:

Aun se engrandeció contra el príncipe de los
*ejércitos, y por él **fue quitado el continuo***
sacrificio, y el lugar de su santuario
***fue echado por tierra.** Y a causa de la pre-*
varicación le fue entregado el ejército junto
con el continuo sacrificio; y echó por tierra
la verdad, e hizo cuanto quiso, y prosperó.
Entonces oí a un santo que hablaba; y otro
de los santos preguntó a aquel que hablaba:
¿Hasta cuándo durará la visión del conti-
nuo sacrificio, y la prevaricación asoladora
entregando el santuario y el ejército para
*ser pisoteados? Y él dijo: "**Hasta dos mil***
***trescientas tardes y mañanas;** luego el*
santuario será purificado".
(Daniel 8:11-14, el énfasis fue añadido)

Será declarada ilegal la adoración a Jesús.
Todos los edificios y santuarios de las iglesias
serán destruidos o confiscados y los cristianos
serán arrestados o asesinados en un período de
dos mil trescientos días—aproximadamente seis

años y un tercio. Toda esta persecución iniciará con el estallido de avivamientos en varias partes del mundo. Un ejército iniciará acciones militares en contra de la iglesia.

En algunas áreas del mundo esto ya empezó. En China, los verdaderos cristianos han sido ilegales por más de cincuenta años. El gobierno comunista ha destruido los edificios de las iglesias y continúa encarcelando o asesinando a los cristianos "no autorizados". El cristianismo "autorizado" es la Tres Auto-Iglesia aprobada por el gobierno, que está más preocupada con el patriotismo que con la fe. Para encontrar la verdadera iglesia de Jesucristo, tiene que ir al subterráneo.[9]

> **Mientras el cuerpo de Cristo ansiosamente espera los avivamientos y cosechas, está mal preparada para la guerra espiritual y la persecución física que vendrá con estos.**

Desafortunadamente, mientras el cuerpo de Cristo ansiosamente espera los avivamientos y cosechas, está mal preparada para la guerra espiritual y la persecución física que vendrá con estos.

El gran engaño

Los ayunos y las oraciones comunes no encenderán el avivamiento venidero. Los poderes demoníacos están tomando fuerzas e implementando los nefastos planes de Satanás. Satanás está determinado a evitar el avivamiento y parte de su gran plan es el engaño.

Jesús nos advirtió que habría grandes engaños en los tiempos del fin:

Y muchos falsos profetas se levantarán, y engañarán a muchos. (Mateo 24:11)

Porque se levantarán falsos Cristos, y falsos profetas, y harán grandes señales y prodigios, de tal manera que engañarán, si fuere posible, aun a los escogidos. (Mateo 24:24)

El engaño es peligroso. El engaño hará que muchos se desvíen, haciendo que estén no preparados, que sean inmaduros, que estén divididos y pensando solamente en su propia paz y seguridad—no sabiendo que la destrucción está casi encima de ellos. Por causa de sus reincidencias, Dios mismo permitirá que algunos caigan en la trampa del engaño.

Eso fue lo que sucedió precisamente en los días del profeta Jeremías. Debido a que el pueblo de Dios rechazó Sus advertencias y se rehusó a volver a Sus caminos verdaderos, Dios permitió que Su pueblo rebelde fuera engañado. Entonces Jeremías declaró:

> *¡Ay, ay, Jehová Dios! Verdaderamente en gran manera has engañado a este pueblo y a Jerusalén, diciendo: Paz tendréis; pues la espada ha venido hasta el alma.*
>
> (Jeremías 4:10)

¿Puede ser engañada la mayoría del pueblo de Dios? La historia y las Escrituras dicen que ellos pueden ser engañados.

Satanás es el padre de la mentira (Véase Juan 8:44). Él ya les ha lavado el cerebro a muchos miembros del cuerpo de Cristo a tal punto que muchos no creen que haya tales cosas como el diablo. Para ellos Satanás no es más que una personificación simbólica del mal en el mundo. Otros no creen que el Espíritu Santo esté en la tierra. Y hay otros que no creen que los cristianos puedan tener demonios. Ellos están engañados.

Si los cristianos del primer siglo estuvieran hoy aquí, tendrían dificultad en reconocer mucho del cristianismo por el cual sufrieron y derramaron sangre para establecerlo. La Iglesia Primitiva se reunía en células, no en filas mirando al predicador profesional que tienen en frente. Había muy poco rito, pompa y ceremonia de la que usted encuentra ahora. Cuando ellos se reunían, el Espíritu Santo se movía, el pueblo hablaba y cantaba en lenguas, los enfermos y cojos eran sanados y las necesidades del pueblo eran satisfechas. Con el paso de los años y los siglos, Satanás ha corrompido partes considerables del cuerpo de Cristo, alejándolos de la verdad e introduciéndoles al engaño. En vez de permitir que el Espíritu Santo los dirija, el pueblo instituyó rituales, celebraciones hechas por el hombre, costumbres y tradiciones, dejando poco parecido a la belleza y simplicidad de la Iglesia Primitiva.

Cada tanto tiempo, el Grupo de Investigaciones Barna lleva a cabo una encuesta sobre las actitudes y creencias actuales de la iglesia en Estados Unidos. Los siguientes son algunos resultados de la encuesta de 1997:

1) 34 por ciento de cristianos nacidos de nuevo, 53 por ciento de *todos* los cristianos, y, 73 por ciento de protestantes de iglesias principales **creen que si una persona es buena, ésta irá al cielo.** Así que usted no necesita a Jesús para ir al cielo.

2) 66 por ciento de los evangélicos **no creen que la Biblia sea totalmente exacta,** el 74 por ciento de los católicos y el 42 por ciento de *todos* los cristianos están de acuerdo.

3) 28 por ciento de los cristianos nacidos de nuevo, el 65 por cientos de los evangélicos y

el 40 por ciento de *todos* los cristianos **creen que Jesús era un pecador cuando Él anduvo en la tierra.**

4) 52 por ciento de los cristianos nacidos de nuevo, 72 por ciento de católicos y 80 por ciento de *todos* los cristianos **no creen que el diablo sea real, que solamente es un símbolo del mal.**

5) 55 por ciento de los cristianos nacidos de nuevo y el 61 por ciento de *todos* los cristianos no creen que el Espíritu Santo sea una persona, es solamente un símbolo de la presencia y poder de Dios.

6) 35 por ciento de los cristianos nacidos de nuevo y el 39 por ciento de todos los cristianos **no creen que Jesús se levantó de entre los muertos corporalmente** (El énfasis fue añadido).[10]

ABUNDA LA BLASFEMIA

Algunas "creencias" cristianas modernas son puras blasfemias que no siguen la Biblia ni los caminos de Dios. Prominentes líderes religiosos se han unido a movimientos "ecuménicos" diciendo que usted no tiene que conocer a Jesús para ir al cielo—basta con que viva una "buena vida". Ellos cuestionan la autoridad y exactitud de las Escrituras. Muchos están aprobando y oficiando matrimonios del mismo sexo. Algunas denominaciones están ordenando abiertamente a clérigos homosexuales. ¡Y estos son líderes de la iglesia! ¿Se unirá usted a ellos, o se los advertirá?

Esta es una pregunta crítica. Tenga cuidado de no permitir que las mentiras políticamente correctas se filtren en la iglesia donde puedan transigir con la verdad de cualquier manera, aun con aquellos que usted ama.

EL MOVIMIENTO ECUMÉNICO

Como lo mencioné anteriormente, la Biblia dice que una persona que diga ser el representante de Cristo en la tierra dirigirá la única religión mundial. Sin embargo, este líder trabajará para el diablo.

Cuando estuve en Colorado, hace unos pocos años, el *Aspen Times* publicó en primera plana una carta enviada del Vaticano a todos los católicos romanos animándoles a dar la bienvenida a "nuestros hermanos budistas", indicándoles que había muchos que aprender de ellos acerca de Dios.

Fue el papa Juan Pablo II quien llegó a las Naciones Unidas para animarles a la formación de un sólo gobierno mundial y enormemente influenció la formación de la Unión Europea. La primera asamblea de la Unión Europea se llevó a cabo en el Vaticano.

La Biblia deja muy en claro lo que le espera a los que resistan a la bestia:

> *Y ví las almas de los decapitados por causa del testimonio de Jesús y por la Palabra de Dios, los que no habían adorado a la bestia ni a su imagen, y que no recibieron la marca en sus frentes ni en sus manos.* (Apocalipsis 20:4)

Los musulmanes radicales ya están decapitando "infieles"—a cualquiera que no reconoce u obedece a Alá o a su profeta Mahoma. El islam se convertirá en la religión dominante en Europa, capital de la Iglesia Católica Romana.

UNA ADVERTENCIA DE PARTE DE DIOS

El apóstol Pablo claramente nos advirtió de presentar a otro Jesús o a nuevas doctrinas:

> *Pero temo…que si viene alguno predicando a **otro Jesús** que el que os hemos predicado, o si recibís **otro espíritu** que el que habéis recibido, u **otro evangelio** que el que habéis aceptado, bien lo toleráis.* (2 Corintios 11:3–4, el énfasis fue añadido)

Hay muchos "Jesús" por allí aparte del de la Biblia. Si el Jesús que está siendo adorado en su iglesia no es el mismo que se encuentra en las páginas de la Biblia, entonces ese es un Jesús falso.

El catolicismo promueve a un Jesús iracundo por medio del cual usted no puede ir directamente a Dios. Usted debe ir por medio de los "santos" o por medio de Su madre María. No obstante, las Escrituras son claras en decir que Jesús es nuestro único mediador: *Porque hay un solo Dios, y un solo mediador entre Dios y los hombres, Jesucristo Hombre* (1 Timoteo 2:5). La Biblia dice que podemos entrar valientemente en Su presencia por medio de la sangre de Jesús (Véase Hebreos 10:19), y, que nada nos puede separar de Su amor (Véase Romanos 8:38–39).

Los Testigos de Jehová tienen a un Jesús que sólo fue un hombre y no Dios, pero que debido a sus grandes obras, Jehová el todopoderoso Dios, lo hizo un poco menor que Dios. Ellos dicen que realmente Jesús era solamente el arcángel Miguel. Los mormones adoran a un Jesús que tiene un hermano llamado Lucifer.

Estos no son el mismo Jesús descrito en la Biblia. Las únicas dos fuentes infalibles de la verdad son la Biblia y el Espíritu Santo. Ellos jamás se contradirán el uno al otro.

> *Vosotros adoráis lo que no sabéis…Los verdaderos adoradores adorarán al Padre en espíritu y en verdad; porque también el Padre tales adoradores busca que le adoren.*
>
> (Juan 4:22–23)

A pesar de las advertencias de no aceptar a ningún otro Jesús o añadir doctrinas no enseñadas por los primeros apóstoles, el cuerpo de Cristo ha adoptado muchas doctrinas nunca enseñadas por los primeros apóstoles. Tanto católicos como protestantes han omitido la Biblia y violado sus advertencias.

En Gálatas 1:8–9, Pablo fue enfático:

Más si aun nosotros, o un ángel del cielo, os anunciare otro evangelio diferente del que os hemos anunciado, sea anatema.

Otra vez Pablo nos advirtió de las doctrinas no enseñadas por los primeros apóstoles:

*Te encarezco delante de Dios y del Señor Jesucristo… ¡que prediques la palabra! Que instes a tiempo y fuera de tiempo; **redarguye, reprende., exhorta con toda paciencia. Porque vendrá tiempo cuando no sufrirán la sana** doctrina, sino que teniendo comezón de oír, se amontonarán maestros conforme a sus propias concupiscencias, y apartarún de la verdad el oído y se volverán a las fábulas.* (2 Timoteo 4:1–4, el énfasis fue añadido)

Judas 3 insta a los creyentes a *"contender ardientemente por la fe que ha sido una vez dada a los santos".* Si los apóstoles originales no lo enseñaron, no lo creyeron, no importa cuan bueno parezca. No le agregue, no le quite o modifique las verdades de la Biblia para agradar a los hombres (Véase también Tito 1:9–11, 13; 2 Tesalonicenses 3:6, 14–15).

En vista de que no hemos protegido la verdad, muchas nuevas doctrinas y prácticas han entrado en el cuerpo de Cristo. Igual que un siniestro cáncer que no se detecta mientras se extiende lentamente, estas doctrinas se han carcomido el Evangelio. Como resultado, la iglesia ya no es el baluarte de la verdad que Dios

> No le agregue, no le quite o modifique las verdades de la Biblia para agradar a los hombres.

deseaba que fuera: *"La casa de Dios, que es la iglesia del Dios viviente, columna y baluarte de la verdad"* (1 Timoteo 3:15). Nos hemos alejado de las creencias y doctrinas de la Iglesia Primitiva, y las hemos sustituido por filosofías, costumbres e ideas de hombres.

Así como Pablo declaró: *"Nadie os engañe en*

ninguna manera; porque no vendrá [el regreso de Jesús] *sin que antes venga la apostasía"* (2 Tesalonicenses 2:3). En vez de "apostasía" la *Nueva Versión Internacional* utiliza "rebelión contra Dios", que quiere decir "desviarse de las creencias originales". Antes del fin del mundo, muchos cristianos se desviarán de la fe.

Jesús dijo: *"Yo soy el camino, la verdad y la vida"* (Juan 14:6). El único Jesús verdadero es el Jesús de la Biblia, las únicas doctrinas verdaderas son las que enseñaron los apóstoles originales.

El amor a la verdad pronto será muy costoso.

PONIENDO EN PELIGRO EL EVANGELIO

En 1995 fui a Fiji y me reuní con cuatro muchachas que estuvieron "muertas en el Espíritu" por seis horas durante el servicio de la noche en una iglesia. Posteriormente, yo las entrevisté y las grabé en cinta de video. Todas dijeron que dos ángeles las acompañaron a cada una de ellas al cielo donde miraron muchas cosas. Después los ángeles las llevaron al infierno. Para susto y sorpresa de ellas, allí vieron a muchos eminentes pastores.

"¿Por que están aquí?", preguntaron ellas al ángel que las acompañaba.

"Porque ellos pusieron en peligro el Evangelio", fue la respuesta del ángel.

Al final de la entrevista, yo le pedí a una de las muchachas que si quería compartir una última palabra con los cristianos de Norteamérica. Con lágrimas en los ojos, ella dijo: "Dígales que no pongan en peligro el Evangelio. ¡Irán al infierno!"

Esta "unidad" con otras religiones ¿es más importante que la verdad? ¿Se ha convertido el cristianismo en una filosofía social que está tan desconcertada con su mensaje sin transigir con la verdad que elige suavizar el evangelio? ¿Es tan embarazoso proclamar que ninguno puede ir al Padre si no es por medio de Jesús? ¿Vale la pena luchar por la verdad, o es mejor poner en peligro el Evangelio por el bien de la corrección social y política, y, por "la paz de la hermandad"? Después de todo, Jesús dijo:

> No penséis que he venido para traer paz a la tierra; no he venido para traer paz, sino espada. Porque he venido para poner en disensión al hombre contra su padre, a la hija contra la madre, y a la nuera contra la suegra; y los enemigos del hombre serán los de su casa. El que ama a padre o madre más que a mí, no es digno de mí; el que ama a hijo o hija más que a mí, no es digno de mí.   (Mateo 10:34–37)

EL VERDADERO EVANGELIO DEL REINO

Hoy en día, muchos predicadores comparten un mensaje de salvación que promete: "Sea cristiano, y Dios le bendecirá. Usted tendrá todo lo que siempre ha deseado. ¡Usted vivirá en la cumbre!"

En los días de la Iglesia Primitiva, el único evangelio de salvación era el de la cruz de Jesús. El apóstol Pablo escribió:

> *Porque los judíos piden señales, y los griegos buscan sabiduría; pero nosotros predicamos a Cristo crucificado, para los judíos ciertamente tropezadero; y para los gentiles locura; mas para los llamados, así judíos como griegos, Cristo poder de Dios, y sabiduría de Dios.* (1 Corintios 1:22–24)

El autor y maestro John MacArthur señala que la palabra *locura* es la misma palabra griega que usamos para *tonto*.[11] Para el mundo, el mensaje del Evangelio parece ridículo y aun "estúpido". ¡El verdadero evangelio de salvación es la cruz! Pablo escribió:

> *Así que, hermanos, cuando fui a vosotros para anunciaros el testimonio de Dios, no fui con excelencia de palabras o de sabiduría. Pues me propuse no saber entre vosotros*

cosa alguna sino a Jesucristo, y a éste cru-
cificado. Y estuve entre vosotros con debi-
lidad, y mucho temor y temblor, y ni mi
palabra ni mi predicación fue con palabras
persuasivas de humana sabiduría, sino con
demostración del Espíritu y poder, para que
vuestra fe no esté fundada en la sabiduría
de los hombres, sino en el poder de Dios.

(1 Corintios 2:1–5)

Pablo era un hombre con gran habilidad para predicar y enseñar. Él era sabio y elocuente. ¿Por qué tendría él temor y temblor, y, por que evitó la tentación de utilizar palabras de sabiduría humana? La respuesta es: que él tenía miedo de transigir el mensaje de la cruz. Para Pablo no había cosa peor que esta. Él fue extremamente cuidadoso para no predicar algo que no fuera la cruz cuando él hablaba a los incrédulos.

Hoy en día, los pastores atraen libremente a las personas para que vayan a sus iglesias con tentadoras palabras de sabiduría humana, rechazando el mensaje de la cruz y el arrepentimiento, en favor de promesas de bendiciones y prosperidad para todo aquel que se convierte al cristianismo. En una entrevista televisada nacionalmente, un prominente pastor de una mega iglesia dijo que su iglesia nunca hablaría de cosas negativas como el pecado, la cruz, o la sangre.

Sólo porque una iglesia tiene cientos de miles de personas no significa que esté libre de engaño.

Cuando los discípulos de Jesús le preguntaron por qué Él les hablaba claramente a ellos pero a la gente con parábolas, Él les respondió: *"Porque a vosotros os es dado saber los misterios del reino de los cielos, mas a ellos no les es dado…porque viendo no ven, y oyendo, no oyen"* (Mateo 13:11, 13).

Es el Espíritu Santo quien abre los oídos y corazones de la gente para entender y aceptar la salvación. Es el mensaje de la cruz el que separa a aquellos que escogerán a Dios de los que no lo harán. Es el Espíritu Santo el que convence los corazones de los hombres para que puedan ser salvos. *No* es ningún mensaje seductor dado por los hombres.

> **Sólo porque una iglesia tiene cientos de miles de personas no significa que esté libre de engaño.**

La aparente locura del mensaje de la cruz, dado por hombres humildes, es el poder de Dios para salvación (Véase 1 Corintios 1:18). Es el mensaje de la cruz, recibido por los hombres, el que trae salvación, no un mensaje de prosperidad y bendiciones. *"Agradó a Dios salvar a los creyentes por la locura de la predicación"* (1 Corintios 1:21).

Dios rechazó mensajes seductores y promesas de una buena vida *"a fin de que nadie se jacte en su presencia"* (Versículo 29); que ningún hombre pueda decir que por sus hábiles argumentos él salvó a alguien. Por eso es que, a pesar de sus brillantes e impecables calificaciones, el apóstol Pablo dijo: *"Pero lejos esté de mí gloriarme, sino en la cruz de nuestro Señor Jesucristo, por quien el mundo me es crucificado a mí, y yo al mundo"* (Gálatas 6:14).

Decir que Dios lo bendecirá si usted acepta a Jesús como un tipo de compensación es contrario a lo que Jesús enseñó. Desde luego que lo que Jesús dijo fue que si un hombre o una mujer lo seguían a Él, su propia familia y amigos se convertirían en sus adversarios (Véase Mateo 10:34–37) y que ellos debían llevar diariamente su cruz (Véase el versículo 38). Como seguidores de Jesús él o ella pueden perder a su familia, amigos, negocios y como resultado, aun sus propias vidas.

El verdadero mensaje del Evangelio es ese, aunque la salvación es gratis, ser un verdadero discípulo de Jesús le costará mucho. El boleto para el cielo es sumamente preciado y deberíamos estar dispuestos a pagar cualquier precio por ello. Jesús dijo:

> *Además, el reino de los cielos es semejante a un tesoro Escondido en un campo, el cual un hombre halla, y lo esconde de nuevo; y*

gozoso por ello va y vende todo lo que tiene, va y compra aquel campo. También el reino de los cielos es semejante a un mercader que busca buenas perlas, que habiendo hallado una perla preciosa, fue y vendió todo lo que tenía, y la compró.   (Mateo 13:44–46)

También dijo Jesús:

No hagáis tesoros en la tierra, donde la polilla y el orín corrompen, y donde ladrones minan y hurtan; sino haceos tesoros en el cielo, donde ni la polilla ni el orín corrompen, y donde ladrones no minan ni hurtan. Porque donde esté vuestro tesoro, allí estará también vuestro corazón.   (Mateo 6:19–21)

Hoy oímos mucho el mensaje de la prosperidad que no solamente es anti-bíblico; sino que ¡proviene directamente del fondo del infierno!

El camino de Balaam

Pedro y Judas nos advirtieron en contra de seguir el camino de Balaam—utilizando los dones del Espíritu de Dios para ganancias y prosperidad personales (Véase 2 Pedro 2:15).

¡Ay de ellos! Porque han seguido el camino de Caín, y se lanzaron por lucro en el error de Balaam, y perecieron en la contradicción de Coré.   (Judas 11)

177

Es importante señalar que el dinero no es, en sí mismo, bueno o malo. El dinero es sólo una herramienta usada por el hombre como cualquier otra herramienta, puede ser un instrumento para bien o para mal. Se necesita dinero para apoyar un ministerio y compartir el Evangelio. Se hace uso del dinero para enviar misioneros a tierras lejanas. Jesús tenía benefactores que le daban dinero, alimento, albergue, y, aun la tumba desde donde resucitó. Hay muchos que citan equivocadamente las Escrituras, diciendo que "el dinero es la raíz de todos los males". La cita en sí revela que el verdadero problema es la manera en que manejamos nuestro dinero.

> *Porque los que quieren enriquecerse caen en tentación y lazo, y en muchas codicias necias y dañosas, que hunden a los hombres en destrucción y perdición; **porque raíz de todos los males es el amor al dinero**, el cual codiciando algunos, se extraviaron de la fe, y fueron traspasados de muchos dolores.*
>
> (1 Timoteo 6:9–10, el énfasis fue añadido)

Muchos cristianos están enamorados del dinero. Una cantidad de líderes de la iglesia se han enriquecido a costa de su ministerio. Ellos compiten entre sí por la iglesia más grande, el avión más rápido y la cuenta bancaria más gorda.

Ellos tratan de superarse el uno al otro con miles de dólares en trajes y mansiones que cuestan millones de dólares. A los santos les gusta oír mensajes "edificativos" de como llegar a tener una vida mejor y más próspera. Ellos concurren en cantidades a estos pastores con la esperanza de que algo de esa riqueza y "bendiciones" pueda llegar a ellos. La iglesia ha llegado a ser materialista, codiciosa y haciendo concesiones tal como el mundo lo hace—¡quizás peor!

Una vez más, la situación es similar a la de los días de Jeremías, cuando Dios le habló a él del estado lamentable de Su pueblo, diciendo:

> *Porque donde el más chico de ellos hasta el más grande, cada uno sigue la avaricia; y desde el profeta hasta el sacerdote, todos son engañados. Y curan la herida de mi pueblo con liviandad, diciendo: Paz, paz; y no hay paz. ¿Se han avergonzado de haber hecho abominación? Ciertamente no se han avergonzado, ni aun saben tener vergüenza; por tanto, caerán entre los que caigan; cuando l... castigue caerán, dice Jehová.*

(Jerem...

De acuerdo a la *Nuev...
tiva Strong, una de l...
"prosperidad". A...
tas que dice...

millonarios. Ellos se rehúsan a volver a los caminos de Dios. Para ellos rendir sus vidas a Dios ya pasó de moda.

Observe el siguiente versículo del pasaje de Jeremías:

> *Así dijo Jehová: Paraos en los caminos, y mirad, y preguntad por las sendas antiguas, cuál sea el buen camino, y andad por él, y hallaréis descanso para vuestra alma. Más dijeron: No andaremos.* (Versículo 16)

Jesús no vino con un mensaje de prosperidad. Cuando un escriba vino a Él, y le dijo: *"Maestro, te seguiré a dondequiera que vayas"* (Mateo 8:19), Jesús le respondió: *"Las zorras tienen guaridas, y las aves del cielo sus nidos; más el Hijo del Hombre no tiene dónde recostar Su cabeza"* (Versículo 20). En otras palabras, "Si tú quieres seguirme, no creas que será una vida fácil. A ustedes no se les ha prometido comodidades y posesiones; puede que ustedes no tengan ni siquiera una casa ni una cama para dormir".

Algunos de aquellos que continúan predicando la verdad no adulterada—arrepentimiento, sacrificio, tomando la cruz cada quien—se han impopulares, rechazados, y es más, han Sus congregaciones puede ser Ellos predican lo que los santos *necesitan* oír, no lo que ellos *quieren* oír. Si usted no cree que esto es verdad, una vez yo recibí una invitación de una iglesia muy grande para que asistiera a un seminario para que aprender como hacer crecer su iglesia. Uno de los temas, era: "Cómo hacer una encuesta para saber lo que la gente quiere oír".

La estrategia más grande de Satanás es engañar al mundo entero. Jesús nos advirtió repetidamente del gran engaño en los tiempos del fin. Desafortunadamente, la iglesia ya está siendo engañada y está perdiendo la batalla. ¡Y lo que es peor, la mayoría de nosotros no nos damos cuenta que estamos en guerra!

Capítulo 7

La clave para el avivamiento: La guerra espiritual

P ara que la chispa del avivamiento se encienda, la iglesia no solamente debe ayunar y orar, ella también debe pelear contra el reino de las tinieblas con toda arma que tenga. Debe haber unidad, una estrecha relación con Dios, madurez espiritual, cuidado, amor, obediencia y demás; pero si esta iglesia no le hace frente al reino de las tinieblas y derrota a Satanás y sus demonios, Jesús no vendrá y el avivamiento no llegará.

Atando a los hombres fuertes

Como lo expliqué en mi libro anterior: *Guerra Espiritual*, Satanás ha asignado espíritus gobernantes (u hombres fuertes) sobre cada país, área, ciudad, aldea, vecindario, familia, iglesia y persona. Al área más grande o más peligrosa para Satanás, son asignados los más poderosos espíritus gobernantes para controlar esa área. Para las Filipinas, él ha asignado espíritus de engaño, idolatría, robo, corrupción, orgullo, pobreza, codicia, anticristo, brujería, Jezabel y Acab, esclavitud, inmoralidad sexual, violencia, asesinato, odio, ira, religiosidad, etc., etc. Estos varían de área en área. Usted puede discernir los espíritus por sus frutos (Véase Mateo 7:15–16).

En muchas partes de Norteamérica y Europa, predomina la brujería, así como el formalismo, el legalismo y la tradición. El odio, la discriminación racial, la pobreza y el crimen también gobiernan sobre estas áreas.

En el Medio Oriente, el sectarismo, el odio racial y tribal, la ira, la amargura, el asesinato y la violencia gobiernan sobre los pueblos. Hasta que estos espíritus sean atados, jamás habrá una paz duradera en el Medio Oriente. Nunca podremos eliminar o aniquilar el terrorismo sin que primero atemos a los nefastos hombres fuertes de Satanás.

Antes de que el avivamiento venga, la iglesia primero tiene que atar y derrotar a los espíritus gobernantes asignados por Satanás. Así que, revisemos lo que sabemos:

Efesios 6:12 dice:

Porque no tenemos lucha contra sangre y carne, sino contra principados, contra potestades, contra los gobernadores de las tinieblas de este siglo, contra huestes espirituales de maldad en las regiones celestes.

Por lo tanto, sabemos que la batalla no es contra hombres sino contra los espíritus que los controlan. Hay gobernadores de las tinieblas recorriendo la tierra: *"principados"*, *"potestades"* y *"gobernadores"* (*hombres fuertes*) que ejercen control sobre muchos desde las *"regiones celestes"*.

Jesús dijo: *"Porque ¿cómo puede alguno entrar en la casa del hombre fuerte, y saquear sus bienes, si primero no le ata? Y entonces podrá saquear su casa"* (Mateo 12:29; véase también Marcos 3:27; Lucas 11:21–22). No podemos dejar libre a los prisioneros si primero no atamos al hombre fuerte que está sobre ellos. Muchos incrédulos no aceptarán el Evangelio hasta que les quitemos la ceguera y atemos los espíritus que los están cegando.

Pero si nuestro evangelio está encubierto, entre los que se pierden está encubierto; en los cuales el dios de este siglo cegó el entendimiento de los incrédulos, para que no les resplandezca la luz del evangelio de la gloria

de Cristo, el cual es la imagen de Dios.
(2 Corintios 4:3–4)

Esto no es una revelación nueva. De conformidad con C. Meter Wagner, experto en eclesiología, excepto por Jesucristo, el pastor suramericano Carlos Annacondia, es el más grande evangelista de todos los tiempos, convirtiendo a por los menos cinco mil almas en cada campaña.[12] Annacondia dice que antes de ir a un área para llevar a cabo cruzadas, él envía primero a equipos para ayunar y orar para atar a los hombres fuertes sobre esa área. Solamente cuando Dios

> **Muchos incrédulos no aceptarán el Evangelio hasta que les quitemos la ceguera y atemos los espíritus que los están cegando.**

le muestra que los hombres fuertes están atados, levanta las carpas de la cruzada. ¡Es hasta entonces que los campos están listos para la cosecha!

Otros profetas y evangelistas como Ed Silvoso y Cindy Jacobs, abogan por un proceso similar.[13] Ellos envían equipos de intercesores que pasan semanas ayunado y orando para atar los hombres fuertes sobre una ciudad. Una vez que los hombres fuertes están atados, los equipos entran y evangelizan el área con gran éxito y sin casi ninguna interferencia espiritual.

Las personas con frecuencia le preguntan al pastor surcoreano, David Yonggi Cho, cómo el humilde movimiento de su iglesia explotó para convertirse en la iglesia más grande del mundo. Su respuesta siempre ha sido la misma: "Nosotros atamos a todos los hombres fuertes de Corea del Sur".

A mediados de los años 1990 y por seis años consecutivos tuve el placer de enseñar en Fiji sobre guerra espiritual. La iglesia y la universidad bíblica donde enseñé se levantaban todas los días temprano por la mañana para orar juntos y atar a los hombres fuertes que estaban sobre Fiji. Hoy en día, hay un avivamiento en Fiji y la iglesia donde ministré es una de las bases de ese avivamiento.

Yo tuve el honor de enseñar a atar al hombre fuerte de Sibu, una ciudad en el estado malayo de Sarawak, en el colegio bíblico de la Iglesia Evangelio Completo de Sarawak. El pastor de allí había pasado veintiséis años construyendo su iglesia, la cual tenía tres mil miembros. Cuando regresé al año siguiente, los miembros muy contentos me contaron que hacía nueve meses, ellos habían empezado a atar a los hombres fuertes sobre Sibu. Cuando Dios les dijo que ellos tenían que atar a los hombres fuertes, ellos fueron de casa en casa y convirtieron a dos mil más en sólo dos semanas. Tuvieron que parar porque ya no tenían más espacio en el templo. Cuando regresé, por ahí de 1997, ya habían comprado una parcela grande de terreno para construir un templo con capacidad para cinco mil personas en cada servicio. El avivamiento se había encendido en Sibu.

LAS LLAVES DEL REINO

En Mateo 16:19, Jesús le dijo a Pedro: "*Y a ti te daré las llaves del reino de los cielos; y todo lo que atares en la tierra será atado en los cielos; y todo lo que desatares en la tierra será desatado en los cielos*" (Véase Mateo 18:18). Tenemos el honor de atar a los agentes de Satanás que gobiernan la mayor parte de la tierra. El salmista concuerda:

> *Exalten a Dios con sus gargantas, y espadas de dos filos en sus manos, para ejecutar venganza entre las naciones, y castigo entre los pueblos; para aprisionar a sus reyes con grillos, y a sus nobles con cadenas de hierro; para ejecutar en ellos el juicio decretado; gloria será esto para todos sus santos. ¡Aleluya!*
>
> (Salmos 149:6-9)

La palabra *desatar* no significa "derramar", como en "Yo derramaré el espíritu de gozo sobre estas personas". Esto quiere decir "romper, hacer pedazos o estrellar", como se rompen las cadenas y las cuerdas.

Los hombres fuertes se atan con una oración sencilla:

En el nombre de Jesús yo ato el espíritu de hechicería (o cualquier otro hombre fuerte). Tomo las cadenas de los cielos y ato sus pies y manos.

Otras variaciones pueden ser muy efectivas también:

Un grupo de guerra también puede tomar varias formas. Los dos métodos usados con más frecuencia involucran a un líder que hace la oración inicial. En otro método el líder podría orar con una oración a la vez y el resto del grupo hace eco de sus oraciones en voz alta:

Líder: "En el nombre de Jesús, vengo contra el espíritu de brujería".

Grupo: "En el nombre de Jesús, vengo contra el espíritu de hechicería".

Líder: "Tomo las cadenas del cielo y te ato de pies y manos".

Grupo: "Tomo las cadenas del cielo y te ato de pies y manos".

Y así sucesivamente.

En el segundo método, el líder ora continuamente para atar a los espíritus gobernantes y el resto del grupo aprueba verbalmente esa oración, diciendo en voz alta: "Amen", "Aleluya", "Sí" o "¡Estamos de acuerdo, Señor!".

EL PODER DEL CLAMOR

Cuando estamos en lucha contra el poder de las tinieblas, el cuerpo de Cristo no debe tener miedo de clamar en voz alta. Muchos pasajes de la Biblia hablan de clamar dando voces de júbilo, ya sea en una oración de guerra o alabando a Dios.

> *"Porque él es bueno, porque para siempre es su misericordia sobre Israel". Y todo el pueblo aclamaba con gran júbilo, alabando a Jehová porque se echaban los cimientos de la casa de Jehová.* (Esdras 3:11)

> *Canta, oh hija de Sión; da voces de júbilo, oh Israel; gózate y regocíjate de todo corazón, hija de Jerusalén.* (Sofonías 3:14)

El Señor Jehová derrota a Su enemigo con un rugido.

> *Jehová saldrá como gigante, y como hombre de guerra despertará celo; gritará, voceará, se esforzará sobre sus enemigos.* (Isaías 42:13)

> *Jehová rugirá desde lo alto, y desde su morada santa dará su voz; rugirá fuertemente contra su morada; canción de lagareros cantará contra todos los moradores de la tierra...Llegará el estruendo hasta el fin de la tierra.*
>
> (Jeremías 25:30–31)

Dios es un guerrero que grita y da voces desde Su trono para destruir a Sus enemigos. Dios nos ordena gritar contra Babilonia, el reino de Satanás:

> *Poneos en orden contra Babilonia alrededor, todos los que entesáis arco; tirad contra ella, no escatiméis las saetas, porque pecó contra Jehová.* **Gritad contra ella en derredor.**
>
> (Jeremías 50:14–15, el énfasis fue añadido)

> *Jehová de los ejércitos juró por sí mismo, diciendo: Yo te llenaré de hombres como de langostas, y levantarán contra ti gritería.*
>
> (Jeremías 51:14)

> *Subió Dios con júbilo.*   (Salmos 47:5)

Jesús gritará a Su regreso: *"Porque el Señor mismo con voz de mando, con voz de arcángel, y con trompeta de Dios, descenderá del cielo"* (1 Tesalonicenses 4:16).

Cuando Josué y la nación de Israel fueron

contra Jericó, Dios les dio instrucciones de caminar en fila por seis días alrededor de los muros de la ciudad sin decir una palabra. El séptimo día ellos iban a caminar alrededor de la ciudad de Jericó siete veces. A la séptima vuelta ellos debían *"gritar a gran voz"* (Josué 6:5). Los muros de Jericó cayeron inmediatamente (Versículo 20).

Hay algo poderoso acerca del gritar, tanto físico como espiritual. Una vez, fui a Taiwán para observar la celebración de su Día de Independencia. Cinco mil hombres con grandes tambores de pie en una plaza de la ciudad. A una señal, ellos tocaron los tambores y gritaron al máximo de sus pulmones. ¡El sonido fue tan ensordecedor y penetrante que los pelos detrás de mi cuello se pararon y mi corazón empezó a latir fuertemente! Me imaginé a un ejército yendo a la batalla con semejante grito y rugido. ¡Yo quedé impresionado! El grito les da ánimo a los soldados y los anima. El gritar juntos conduce a los participantes a la unidad. El enemigo al oír el grito, tiembla de miedo. De igual manera, nosotros tenemos que gritar nuestras alabanzas a Dios como si el enemigo estuviera escuchando de hecho lo está.

En nuestros servicios de sanidad, yo puedo recordar cuan a menudo Dios ha habitado en las alabanzas de Su pueblo a medida que gritamos, alabábamos y cantábamos en lenguas y en voz alta. Algunos han tenido visiones y visitas angelicales en esas ocasiones. Hay poder en el grito, en el clamor, ¡especialmente cuando oramos contra el enemigo!

PRIMERO, ROMPA LAS MALDICIONES

Antes de que usted pueda atar a los espíritus gobernantes, usted debe primero romper las maldiciones que le dan a los espíritus malignos el derecho a gobernar. Si no se rompen las maldiciones, los espíritus malignos tienen el derecho a oprimir y usted no podrá atarlos.

Algunas maldiciones son acarreadas por nuestros propios pecados y nuestra perversidad. Cuando los pecados del pueblo traen maldición sobre una tierra o nación, sólo la confesión y el arrepentimiento de corazón romperá dichas maldiciones. Por consiguiente, el primer paso es interceder, confesar y arrepentirse por los pecados del pueblo. El profeta Daniel reconoció la necesidad de quitar la maldición que pesaba sobre su pueblo:

> Yo, Daniel, miré atentamente en los libros el número de los años de que habló Jehová al profeta Jeremías, que habían de cumplirse las desolaciones de Jerusalén en setenta años.
>
> (Daniel 9:2)

Daniel sabía que el período de setenta años de la cautividad en Babilonia profetizados por Jeremías estaban por cumplirse (Véase Jeremías 25:11–12). Por consiguiente, él mismo se puso a ayunar y a orar por la liberación del pueblo de Dios que estaba en Babilonia. Aunque el final de su cautividad había sido profetizado por Jeremías, Daniel sabía que Dios no haría nada sin que alguien primero orara y clamara por ello.

> **Antes de que usted pueda atar a los espíritus gobernantes, usted debe primero romper las maldiciones que le dan a los espíritus malignos el derecho a gobernar.**

Daniel se identificó con el pueblo y fue un verdadero intercesor, pues él confesó y se arrepintió por los pecados del pueblo. Daniel continuó, reconociendo que los pecados del pueblo habían traído maldiciones sobre ellos:

> *Todo Israel traspasó tu ley apartándose para no obedecer tu voz; por lo cual **ha caído sobre nosotros la maldición** y el juramento que está escrito en la ley de Moisés, siervo de Dios; porque contra él pecamos*
> (Daniel 9:11, el énfasis fue añadido)

Dios perdonó a Judá, le quitó las maldiciones, y, Ciro de Persia le dio libertad al pueblo de Dios que estaba en Babilonia. A lo largo de toda la Biblia encontramos que el corazón de Dios siempre está dispuesto a perdonar al arrepentido.

La buena nueva es que Jesús murió en la cruz, no sólo para romper nuestra maldición, sino para servir como nuestra maldición también.

Cristo nos redimió de la maldición de la ley, hecho por nosotros maldición (porque escrito está: Maldito todo el que es colgado en un madero). (Gálatas 3:13)

La oración de Daniel

En abril de 2006, me encontraba meditando sobre cómo podía llegar el avivamiento a las Filipinas. Mientras meditaba, Dios me instruyó que escribiera una carta de acuerdo con el modelo de la oración de Daniel, Capítulo 9. La presentaré al final de este libro una en forma larga y otra corta.

Creo que si nosotros, como un sólo pueblo, empezáramos diariamente a ayunar y orar la Oración de Daniel (o una oración parecida), Dios responderá desde el cielo y movería Su mano de gracia y misericordia. Dios quiere que nosotros intercedamos, que nos arrepintamos, que rompamos maldiciones, y que atemos a los espíritus gobernantes de Satanás.

LOS CONTRAATAQUES DE SATANÁS

Cuando usted se involucra en la guerra espiritual, Satanás lanzará alguna clase de contraataque en contra de usted. Mientras he experimentado tales ataques, Dios me ha mostrado una importante manera de cómo usted puede protegerse a usted mismo, a su familia y a sus compañeros miembros de la iglesia.

A principios del año 2005, la esposa de mi pastor asistente nos comunicó que no podía encontrar su chequera. Generalmente la mantenía en su bolso. Ella vació su bolso tres veces y después se lo pasó a su esposo. Él también buscó en todo el bolso y tampoco pudo encontrar la chequera. Al final ella tuvo que llamar al banco y poner una orden de anulación de su cuenta. A la siguiente mañana, mientras ella se preparaba para ir a la iglesia, abrió su bolso y allí estaba la chequera, puesta encima de todos los artículos que había dentro.

Pocas semanas mas tarde, fui a mi compañía de seguro médico para cancelar mi póliza y cambiar a un plan menos caro. El agente me pidió mi tarjeta de Medicare, la cual debemos siempre llevar con nosotros. Saqué mi billetera y no pude encontrar la tarjeta. Vacié todo el contenido de la billetera sobre el escritorio y luego le pedí a mi esposa que la buscara ella. No estaba allí. Al siguiente día, abrí mi billetera, y allí estaba la tarjeta justo delante de todas mis otras tarjetas.

Un mes más tarde, llevé a mi esposa de compras a una tienda de descuentos por membresía, donde la entrada es exclusiva para los que tienen tarjeta del lugar. Le dije a mi esposa que primero iría al carro a orar por un rato. Una hora más tarde fui a encontrarme con mi esposa y no pude encontrar la tarjeta de membresía. Estuve de pie en la puerta por quince minutos, buscando cuidadosamente en mi billetera. No estaba la tarjeta y yo tuve que esperar afuera por mi esposa. A la mañana siguiente, abrí mi billetera y la tarjeta de membresía ¡estaba allí exactamente donde siempre ha estado, en mi billetera!

Empecé a orar seriamente y reflexionar sobre estos extraños acontecimientos.

Unos días más tarde, estaba limpiando mi escritorio y encontré un libro que me habían regalado hacía cinco años. Mis ojos se fijaron en el capítulo que habla acerca de cómo evitar los contraataques de Satanás. El autor decía que Dios le dio instrucciones a él de que orara en el Salmos 91 y le pidió que nos ocultara bajo Sus alas y nos cubriera con Sus plumas (Véase Salmos 91:4) para que el enemigo no pudiera encontrarnos o tocarnos.[14] Esto resonó inmediatamente en mí.

Ha habido acontecimientos en el pasado donde Satanás atacó a algunos de nuestros miembros. Dios les dio el Salmo 91 para que oraran y ellos lo hicieron.

> *Diré yo a Jehová: Esperanza mía, y castillo mío; mi Dios, en quien confiaré. El te librará del lazo del cazador, de la peste destructora. Con sus plumas te cubrirá, y debajo de sus alas estarás seguro; escudo y adarga es su verdad.* (Salmos 91:2–4)

Ore diariamente para que Dios lo esconda a usted y a su familia bajo Sus alas y lo cobra con Sus plumas para que Satanás no pueda verlo ni tocarlo.

LAS IGLESIAS: CASAS DE AVIVAMIENTO
Y SUPERVIVENCIA

Otra vez en las Filipinas, en el año 2000 por el camino que sube por la montaña hacia la ciudad de Baguio, Dios me habló y claramente dijo: "¡Quiero a mi iglesia de regreso!"

En principio, yo pensé que Dios quería que yo renunciara y le regresara a Él mi iglesia. Pero comenzó a hablar directamente a mi espíritu y dijo que la humanidad había tomado Su iglesia y la convirtieron en la iglesia del hombre. Que los hombres habían cambiado la estructura, la práctica, las doctrinas y la verdad, tergiversándola conforme a las filosofías e ideas del hombre en un intento de lucha contra la autoridad de Dios.

> **Dios está regresado Su iglesia a los hogares y a las doctrinas y prácticas que enseñaban los apóstoles de la Iglesia Primitiva.**

En los primeros trescientos veinticinco años de la iglesia, no hubo templos para la iglesia. El pueblo de Dios se reunía en las casas y en áreas públicas. Yo creo que Dios está regresando el concepto de las iglesias en las casas y en las áreas públicas al cuerpo de Cristo. Él está buscando que Su iglesia sea pura en los tiempos del fin. Entretanto, alrededor del mundo, el movimiento de la iglesia en la casa, ¡está estallando![15]

La Iglesia Primitiva no tenía un sacerdocio selecto. Todo el que amaba a Dios, tenía cierto grado de madurez espiritual, conocía la Palabra de Dios, y calificado bajo la pauta que se encuentra en 1 Timoteo 3, podía dirigir un grupo de creyentes en su casa. Durante esos tiempos, el cristianismo creció tanto en la persecución como en la paz.

El modelo moderno de iglesia en la casa se encuentra en la China. A pesar de la intensa persecución y aún bajo amenaza de muerte, las iglesias subterráneas han prosperado allí. El día de hoy, se estima, conservadoramente, que hay ocho millones de cristianos nacidos de nuevo en China.[16]

Si hoy se encendiera el avivamiento, lo templos de las iglesias existentes no tendrían capacidad para acomodar a los nuevos convertidos. Aun si se tuviera el dinero, se tendría que comprar el terreno, trazar los planos, obtener los permisos, y, la construcción comenzara. Para el tiempo que todo eso ocurriera, el avivamiento probablemente habría terminado. Recientemente, mientras ministraba en Plovdiv, Bulgaria, los pastores me informaron que el avivamiento búlgaro de 1990 a 1994 murió porque ya no había más edificios para acomodar a los nuevos convertidos. Yo creo que Dios está regresado Su iglesia a los hogares y a las doctrinas y prácticas que enseñaban los apóstoles de la Iglesia Primitiva.

Esto no quiere decir que el regreso a la iglesia en la casa sea tarea fácil. Se necesitará mucha oración y sabiduría. Algunos pueden tomar ventaja del movimiento para dividir las iglesias introduciendo falsas enseñanzas. Algunos se encontrarán a sí mismos errantes sin rendir cuentas. Y aun otros se convertirán únicamente en grupos sociales con intereses comunes. Aunque existe el potencial para el abuso y el movimiento de la iglesia en las casas está sufriendo dolores de parto, es fácil ver que un avivamiento repentino y una próxima persecución forzará a la iglesia a ir al subterráneo y a las casas, lo quiera o no.

LA PERFECCIÓN DE LOS SANTOS
Y LA IGLESIA

Y él mismo constituyó a unos, apóstoles; a otros, profetas; a otros, evangelistas; a otros, pastores y maestros, a fin de perfeccionar a los santos para la obra del ministerio, para la edificación del cuerpo de Cristo, hasta que todos lleguemos a la unidad de la fe y del conocimiento del Hijo de Dios, a un varón perfecto, a la medida de la estatura de la plenitud de Cristo; para que yo no seamos niños fluctuantes, llevados por doquiera de todo viento de doctrina, por estratagema de hombres que para engañar emplean con astucia las artimañas del error.

(Efesios 4:11–14)

Desde el principio, Dios quería que Sus hijos fueran perfectos—creados a la imagen de Su Hijo, Jesús. Él también deseó una iglesia perfecta, sin marcas, ni arrugas, ni manchas (Véase Efesios 5:27), preparada para ser la novia de Cristo cuando Él regresara (Véase Apocalipsis 21:2). Es por eso, por lo que Él comenzó la creación. Siglos más tarde, Él no ha cambiado.

Dios no va a quitar el telón de sobre la tierra antes de que encontremos Su propósito. Esto no quiere decir que tenemos que ser perfectos en Cristo en este preciso momento, sino que antes los toques finales nos llevarán a estar completos cuando él regrese.

No todos dormiremos; pero todos seremos transformados, en un momento, en un abrir y cerrar de ojos, a la final trompeta; porque se tocará la trompeta, y los muertos serán resucitados incorruptibles, y nosotros seremos transformados. Porque es necesario que esto corruptible se vista de incorrupción, y esto mortal se vista de inmortalidad. Y cuando esto corruptible se haya vestido de incorrupción, y esto mortal se haya vestido de inmortalidad, entonces se cumplirá la palabra que está escrita: "Sorbida es la muerte en victoria".

(1 Corintios 15:51–54)

Antes que todo termine, Dios tendrá Sus vencedores, Su remanente de verdaderos creyentes (Véase Apocalipsis 2:7, 11, 17, 26; 3:5, 12, 21). A medida que ayunamos y oramos por el avivamiento, necesitamos continuar creciendo en madurez espiritual en Jesucristo. Ese es el deseo de Dios y nuestra meta.

La persecución en realidad funcionará para depurar a la iglesia, ayudando a producir hijos e hijas maduros a la imagen de Jesús (Véase Daniel 11:32–35). Muchos se alejarán, pero de ellos surgirá un remanente fiel y maduro.

El ejército de Dios en los
tiempos del fin

Una madrugada de 1985, mientras oraba tuve una visión de mí mismo enseñando a un grupo grande de soldados en uniforme de combate. Oí una voz decir: "¡Hijo, quiero que le enseñes a Mi ejército!" Desde entonces he enseñado sobre guerra espiritual, liberación y sanidad interior muchas veces en Fiji, Vanuatu, Singapur, Sarawak, Hong Kong, China, India, las Filipinas, Suiza, Bulgaria y Estados Unidos de Norteamérica. Los caballos blancos y los ángeles aparecen durante algunos de los servicios y seminarios, dándome la seguridad de que estoy enseñando al ejército de Dios de los postreros tiempos.

No se equivoque, Dios está levantando un ejército para los postreros tiempos el cual se enfrentará al reino de las tinieblas y luchará hasta la victoria. ¡Esta es una noticia emocionante! Tanto el Antiguo como el Nuevo Testamento, hablan de un ejército de Dios para los postreros tiempos. En Joel, encontramos lo siguiente:

> **A medida que ayunamos y oramos por el avivamiento, necesitamos continuar creciendo en madurez espiritual en Jesucristo.**

Tocad trompeta en Sion, y dad alarma en mi santo monte; tiemblen todos los moradores de la tierra, porque viene el día de Jehová, porque está cercano. Día de tinieblas y de oscuridad, día de nube y de sombra; como sobre los montes se extiende el alba, así vendrá un pueblo grande y fuerte; semejante a él no lo hubo jamás, ni después de él lo habrá en años de muchas generaciones. (Joel 2:1–2)

El *"día de Jehová"* será el fin del mundo y el fin de este siglo. Cuando Jesús regrese será *"día de tinieblas y de oscuridad, día de nube y de sombra"* para muchos en el mundo. Como el Mismo Jesús lo describe:

> *...El sol se oscurecerá, y la luna no dará su resplandor, y las estrellas caerán del cielo, y las potencies de los cielos serán conmovidas.*
>
> (Mateo 24:29)

El mundo y sus habitantes temblarán de temor. No obstante, en medio de la oscuridad, un asombroso acontecimiento tendrá lugar: una gran multitud de personas aparecerán sobre el Monte Sion como *"sobre el monte se extiende el alba"*—los hijos de luz, totalmente maduros en Jesucristo y brillando como el lucero de la mañana. En Apocalipsis Jesús mencionó esta estrella: *"Al que venciere...le daré la estrella de la mañana"* (Apocalipsis 2:26, 28). ¡Nunca antes ha habido tan grande y poderoso pueblo y jamás habrá igual! Serán invencibles.

> *Delante de él consumirá fuego, tras de él abrasará llama; como el huerto del Edén será la tierra delante de él, y detrás de él como desierto asolado, ni tampoco habrá quien de él escape.*   (Joel 2:3)

El ejército de Dios de los tiempos del fin se levantará para destruir el mal sobre la tierra. Esa será la batalla final de este siglo entre el reino de las tinieblas y el reino de luz.

Y ví a la bestia, a los reyes de la tierra y a sus ejércitos, reunidos para guerrear contra el que montaba el caballo, y contra su ejército. Y la bestia fue apresada, y con ella el falso profeta que había hecho delante de ella las señales con las cuales había engañado a los que recibieron la marca de la bestia, y habían adorado su imagen. Estos dos fueron lanzados vivos dentro de un lago de fuego que arde con azufre. (Apocalipsis 19:19–20)

Ningún malo se les escapará. Serán poderosos y no serán derrotados.

Su aspecto, como aspecto de caballos, y como gente de a caballo correrán. Como estruendo de carros saltarán sobre las cumbres de los montes; como sonido de llama de fuego que consume hojarasca, como pueblo fuerte dispuesto para la batalla. Delante de él temerán los pueblos; se pondrán pálidos todos los semblantes. (Joel 2:4–6)

Así como el profeta Elías ceñido sus lomos pasó corriendo delante del carruaje de Acab (Véase 1 Reyes 18:46), este poderoso pueblo de Dios será más rápido y más poderoso que los caballos. ¿No dijo Malaquías 4:5 que Dios iba a enviar: *"el profeta Elías, antes que venga el día de Jehová, grande y terrible"*? Ellos se moverán como un poderoso ejército, como *"pueblo fuerte dispuesto para la batalla"*.

Estos no serán un pueblo común. Estarán en perfecta unidad y obediencia.

> *Y como valientes correrán, como hombres de guerra subirán el muro; cada cual marchará por su camino, y no torcerá su rumbo. Ninguno estrechará a su compañero, cada uno irá por su carrera; y aun cayendo sobre la espada no se herirán.* (Joel 2:7–8)

Cada quien marchará por su propio camino y no cruzará el rumbo del otro. Nadie tratará de hacer el trabajo de la otra persona o competir por tomar el rango o posición de alguien. No serán envidiosos o celosos. Se moverán en perfecta armonía, unidad, sujeción y obediencia, cada quien haciendo el trabajo que Dios le encomendó, enfocándose en hacer solamente Su voluntad. No traicionará el uno al otro. No habrá rebelión, ni celos y nadie será apuñalado por la espalda. No serán heridos y tampoco morirán.

> *Irán por la ciudad, correrán por el muro, subirán por las casas, entrarán por las ventanas a manera de ladrones. Delante de él temblará la tierra, se estremecerán los cielos; el sol y la luna se oscurecerán, y las estrellas retraerán su resplandor.* (Joel 2:9–10)

Finalmente, el versículo 11 quita cualquier duda acerca de quién es este gran pueblo:

> *Y Jehová dará su orden delante de **Su ejército**; porque muy grande es su campamento; fuerte es el que ejecuta Su orden; porque grande es el día de Jehová, y muy terrible; ¿quién podrá soportarlo?"* (El énfasis fue añadido)

Por favor comprenda que yo no estoy abogando por un elitismo en ninguna forma. Dios es el único árbitro y juez final. Todo lo que nosotros podemos hacer es humillarnos y someternos a la dirección del Espíritu Santo.

LLAMADOS A LA BATALLA

Dios nos ha llamado a todos nosotros a ser soldados de Jesús:

> *Tú, pues, sufre penalidades como buen soldado de Jesucristo. Ninguno que milita se enreda en los negocios de la vida, a fin de agradar a aquel que lo tomó por soldado.*
> (2 Timoteo 2:3-4)

Doscientas cuarenta y cinco veces Dios es mencionado en las Escrituras como *"Jehová de los ejércitos".* Una *hueste* es un ejército. Dios siempre ha dicho que nosotros seríamos Sus instrumentos de guerra: *"Martillo me sois; y armas de guerra;*

y por medio de ti quebrantaré naciones, y por medio de ti destruiré reinos" (Jeremías 51:20).

Jesús no vino a traer paz sobre la tierra. Él vino a derrotar el reino de las tinieblas, para así poder establecer el reino de los cielos en la tierra. *"...Para esto apareció el Hijo de Dios, para deshacer las obras del diablo"* (1 Juan 3:8).

> **En el momento que usted entra en el reino de los cielos, el diablo llega para oponérsele. Después de su bautismo con el Espíritu Santo, usted se convierte en un hombre o mujer marcados.**

Por eso es que nosotros lo llamamos a Él el León de Judá. El diablo se Le opuso después de Su bautismo en agua (Véase Lucas 4:2–13). Lo mismo es verdad para cualquiera que quiera ser un cristiano nacido de nuevo. En el momento que usted entra en el reino de los cielos, el diablo llega para oponérsele. Después de su bautismo con el Espíritu Santo, usted se convierte en un hombre o mujer marcados. Cuanto más ora, ayuna y entra en la guerra espiritual, más se le opone el diablo. La única solución es entrar de lleno y continuar combatiendo contra el diablo. Al final, usted no puede perder.

En 2 Timoteo 4:7, el apóstol Pablo dijo: *"He peleado la buena batalla, he acabado la carrera, he guardado la fe".* A lo largo de su ministerio, de más de cuarenta y cinco años, Pablo luchó contra los poderes de las tinieblas y jamás perdió.

¡La iglesia está perdiendo en este tiempo porque muy pocos entienden la necesidad de ir a la guerra! La mayoría de los cristianos de hoy parecen más un Club de Exploradores que experimentados soldados, gatos caseros domesticados y no de leones de Judá. Ellos evitan el combate, y por consiguiente, son inútiles al reino de Dios. Muchos ya son prisioneros de guerra, atados por Satanás.

Capítulo 8

TRES GRUPOS PERMANECEN

De acuerdo a las Escrituras, solo hay dos tipos de cristianos que permanecerán. Uno que nunca morirá; el otro tipo glorificará a Dios entregando sus vidas. *"Más el que persevere hasta el fin, éste será salvo"* (Mateo 24:13).

LA MUJER EN EL DESIERTO

El apóstol Juan escribió:

Apareció en el cielo una gran señal: Una mujer vestida del sol, con la luna debajo de sus pies, y sobre su cabeza una corona de doce estrellas. Y estando encinta clamaba con dolores de parto, en la angustia del alumbramiento. (Apocalipsis 12:1–2)

¿Quién es esta *"señal en el cielo"* que brilla como el sol? Muchos escritores dicen que ella representa a Israel, la nación que dio linaje al niño Jesús. Yo no estoy de acuerdo. En mi opinión, esta señal en el cielo no puede ser Israel, porque cuando nació Jesús, Israel estaba lejos de ser una *"señal"*. El Israel terrenal era corrupto, inmoral y rebelde. Por el contrario, Apocalipsis compara a Jerusalén con Sodoma y Egipto.

> *Y sus cadáveres estarán en la plaza de la grande ciudad que en sentido espiritual se llama Sodoma y Egipto, donde también nuestro Señor fue crucificado.*
>
> (Apocalipsis 11:8)

Israel no estaba vestido con el sol y la luna no estaba bajo sus pies; ella estaba oscura de pecado e hipocresía.

Yo creo que esta mujer, la gran señal en el cielo, es el tiempo final de la verdadera iglesia de Dios—la novia de Cristo. Como estudiamos en el capítulo anterior, la verdadera iglesia de Dios de los últimos tiempos será pura, compuesta de los hermanos que tendrán madurez en el Espíritu—verdaderos vencedores. Por eso es que ella brilla como el sol. La luna está bajo sus pies porque ella ha derrotado al reino de las tinieblas y lo ha puesto bajo sus pies. La luna representa la noche y las tinieblas—el reino de Satanás. Con la ayuda de Dios la verdadera iglesia derrotará el reino demoníaco de Satanás.

La corona de doce estrellas se refiere a las doce tribus de Israel. Después que Jesús ascendió al cielo, los verdaderos cristianos vinieron a ser judíos en el espíritu.

Pues no es judío el que lo es exteriormente, ni es la circuncisión la que se hace externamente en la carne; sino que es judío el que lo es en lo interior, y la circuncisión es la del corazón, en espíritu, no en letra; la alabanza del cual no viene de los hombres, sino de Dios.

(Romanos 2:28–29)

Gálatas 6:15 confirma esto: *"Porque en Cristo Jesús ni la circuncisión vale nada, ni la incircuncisión, sino una nueva creación"*. En Oseas 1:10, encontramos: *"…Y en el lugar en donde les fue dicho: Vosotros no sois pueblo mío, les será dicho: Sois hijos del Dios viviente"*. En Oseas 2:23 se repite la misma declaración: *"…a "Pueblo ajeno" lo llamaré: "Pueblo mío"; y él me dirá: "Mi Dios"* (NVI).

Aquellos que no son judíos, o sea gentiles cristianos, también han llegado a ser el pueblo de Dios. Cuando Pablo se estaba dirigiendo a los romanos, dijo:

¿…A los cuales también ha llamado, esto es,

a nosotros, no solo de los judíos, sino también
de los gentiles? Como también Oseas dice:
Llamaré pueblo mío al que no era mi pueblo,
y a la no amada, amada. Y en el lugar donde
se les dijo: Vosotros no sois pueblo mío, allí
serán llamados hijos del Dios viviente.

(Romanos 9:24–26)

Por tanto, el "Israel espiritual" está compuesto por todos los verdaderos cristianos, tanto judíos como gentiles.

El libro de Apocalipsis también identifica a un gran dragón rojo: *"También apareció otra señal en el cielo: he aquí un gran dragón escarlata"* (Apocalipsis 12:3). Más adelante en este mismo capítulo, se revela la identidad de este dragón como el diablo—Satanás (Véase el versículo 9). Él está listo para devorar al hijo que la mujer (la verdadera iglesia) está por dar a luz.

EL HIJO VARÓN

Volvamos nuevamente a hablar acerca de la mujer que es una gran señal o fascinación en el cielo:

Y ella dio a luz un hijo varón, que regirá con
vara de hierro a todas las naciones; y su hijo
fue arrebatado para Dios y para su trono.

(Apocalipsis 12:5)

¿Quién es este *"hijo varón"*? ¿Es Jesús, tal como muchos escritores dicen que es? Yo no opino lo mismo.

Jesús está descrito como uno que va a *"herir a las naciones, y él las regirá con vara de hierro"* (Apocalipsis 19:15). Él después dará ese honor a los vencedores.

> **Satanás quiere que pensemos que somos débiles y que él es tan poderoso como Jesús. Él es mentiroso.**

Jesús no volará al trono de Dios para escapar de Satanás. No. Él derrota a Satanás y despoja a los principados, haciendo una exhibición de ellos, triunfando sobre ellos (Véase Colosenses 2:15). Cuando Jesús se fue al cielo, Él subió en victoria, no escapó del dragón. Él no era un niño.

Apocalipsis 2:26–27, dice:

Al que venciere y guardare mis obras hasta el fin, yo le daré autoridad sobre las naciones, y las regirá con vara de hierro, y serán quebrantadas como vaso de alfarero; como yo también la he recibido de mi Padre.

El hijo varón es el ejército de Dios, nacido de la verdadera iglesia (la mujer) de los tiempos del fin y llevado corporalmente al trono de Dios para escapar del dragón. Ellos permanecerán en el Monte Sión *"y con él ciento cuarenta y cuatro mil, que tenían el nombre de él y el de su Padre escrito en la frente"* (Apocalipsis 14:1). Estos no son ángeles, son hombres y mujeres *"redimidos de entre los de la tierra"* (Versículo 3). Ellos no son naturales de Israel, son aquellos lavados por la sangre de Jesús. *"Y en sus bocas no fue hallada mentira, pues son sin mancha delante del trono de Dios"* (Versículo 5). Ellos seguirán al Cordero dondequiera que vaya. Un día, ellos volverán con Jesús montados sobre caballos blancos para destruir todo lo malo sobre la faz de la tierra (Véase Apocalipsis 14:4; 19:14).

Solamente Dios sabe quien será contado en Su iglesia verdadera, o Su ejército y quienes serán los mártires. Pues solamente Dios puede mirar dentro de los corazones y las mentes, y, juzgar lo que encuentre allí.

Ahora mismo, Satanás todavía controla mucho de la tierra desde la atmósfera alrededor del mundo. Es por eso que la Biblia lo llama *"el príncipe de los poderes del aire"* (Efesios 2:2). Como se dijo anteriormente, Satanás ha nombrado espíritus gobernantes u hombres fuertes para controlar mucho de nuestro mundo presente—cada país, ciudad, vecindad, iglesia, familia y personas. Él todavía está libre para ir al trono de Dios a acusarlo a usted y a mí (Véase Apocalipsis 12:10).

Satanás quiere que pensemos que somos débiles y que él es tan poderoso como Jesús. Él es mentiroso. Satanás tiene miedo de la madurez de los santos de Dios y hará cualquier cosa para evitar que ellos crean y maduren. Aunque debemos ser conscientes del poder de Satanás, no le debemos tener miedo.

Su tiempo para ser destronado no ha llegado todavía. Sin embargo, cuando eso suceda, Miguel y sus ángeles entrarán en guerra contra el reino demoníaco. Los santos harán su parte en la tierra, atando a Satanás y sus sicarios.

LOS MÁRTIRES DE DIOS

El otro grupo que se levantará contra el diablo en los tiempos del fin, serán los mártires de Dios.

Entonces el dragón se llenó de ira contra la mujer; y se fue a hacer guerra contra el resto de la descendencia de ella, los que guardan los mandamientos de Dios y tienen el testimonio de Jesucristo. (Apocalipsis 12:17)

Durante los tres años y medio (el tiempo del gran avivamiento) ellos testificarán poderosamente, después Satanás los matará.

La tribulación durará siete años. A la mitad de ese tiempo, la bestia de Satanás requerirá que cada hombre, mujer y niño se pongan la marca de la bestia. Para hacer eso, ellos tienen que renunciar a Jesús y Su salvación (Véase Apocalipsis 14:9-11). La decapitación espera a todo el que se rehúse (Véase Apocalipsis 13:15; 20:4). Los mártires o los testigos morirán cuando llegue ese momento.

> No todos nosotros moriremos, pero todos debemos estar dispuestos a morir por amor al reino de Dios.

Los testigos serán muy poderosos, pero morirán voluntariamente por amor al gran nombre de Jesús. Ellos serán testigos de que Cristo murió por nosotros y vivió en nosotros. Al igual que el Señor y los discípulos originales, ellos no tendrán miedo de morir por la verdad. Para ellos *"el morir es ganancia"* (Filipenses 1:21). Después de esto, ellos gobernarán el mundo con Cristo:

> *Y ví tronos, y se sentaron sobre ellos los que recibieron facultad de juzgar; y ví las almas de los decapitados por causa del testimonio de Jesús y por la palabra de Dios, los que no habían adorado a la bestia ni a su imagen, y que no recibieron la marca en sus frentes*

ni en sus manos; y vivieron y reinaron con
Cristo mil años. (Apocalipsis 20:4)

Todos los creyentes que permanezcan hasta el final voluntariamente morirán por amor al gran nombre de Jesús. *"Y ellos le han vencido por medio de la sangre del Cordero y de la palabra del testimonio de ellos, y menospreciaron sus vidas hasta la muerte"* (Apocalipsis 12:11).

No todos nosotros moriremos, pero todos debemos estar dispuestos a morir por amor al reino de Dios.

Capítulo 9

AQUELLOS QUE
PERMANECERÁN

Habrá personas que no morirán. Ellos pasarán de la vida en la tierra a la vida eterna sin morir físicamente. Apocalipsis 12:6, dice:

> *Y la mujer* [la iglesia de Dios verdadera de los últimos tiempos] *huyó al desierto donde tiene lugar preparado por Dios, para que allí la sustenten por mil doscientos sesenta días.* (Apocalipsis 12:6)

"Mil doscientos sesenta días" son aproximadamente tres años y medio, o la mitad de la tribulación. Aquellos de la iglesia verdadera destinados a formar parte del ejército de Dios, serán llevados al trono de Dios para escapar del dragón, *"Y su hijo fue arrebatado para Dios y para Su trono"* (Versículo 5).

*...Estos son los siguen al Cordero por don-
dequiera que va. Estos fueron redimidos de
entre los hombres como primicias para Dios
y para el Cordero.* (Apocalipsis 14:4)

Este grupo de cristianos maduros nunca
verán la muerte. Habrá otros que sobrevivi-
rán a la tribulación, pero yo personalmente lo
dudo.

En Juan 8:51, dijo Jesús: *"De cierto, de cierto
os digo, que el que guarda mi palabra, nunca verá
muerte".* ¿Está diciendo Jesús que un hombre
morirá y se levantará de nuevo o que será resu-
citado después de muerto? De ninguna manera.
Lo que está diciendo es que el que guarda Su
palabra nunca verá muerte espiritual—ni una
sola vez. Yo creo que esta es la generación que
cumplirá esa verdad. Guarde Su verdad en su
corazón.

En Juan 11, Lázaro había muerto y Jesús
llegó donde vivía Lázaro con sus dos hermanas,
y, donde él yacía en la tumba. Marta vino a su
encuentro, y Jesús le dijo a ella:

*"Tu hermano resucitará". Marta le dijo: "Yo
sé que resucitará en la resurrección, en el
día postrero". Le dijo Jesús: "Yo soy la resurrección y la vida; el que cree en mí, aunque
esté muerto, vivirá. Y todo aquel que vive y*

cree en mí, no morirá eternamente. ¿Crees esto?" (Juan 11:23-26)

Jesús dijo:

1) *"El que cree en mí, **aunque esté muerto vivirá**"*, y
2) *"**todo el que vive** y cree en mí, no morirá eternamente"*.

Muchos cristianos interpretan la segunda parte como si se refiere a la muerte segunda. Sin embargo, claramente Jesús hizo una distinción entre uno que está muerto y uno que vive todavía. Las dos están en Jesús: la resurrección y la vida. Fuera de Jesús no hay resurrección o vida eterna. Él tiene las llaves del infierno y de la muerte (Véase Apocalipsis 1:18) y el poder para otorgar la vida y regresarla a la muerte.

Dios está levantando un pueblo para derrotar la muerte espiritual. Primera de Corintios 15:24-26, dice:

*Luego el fin, cuando entregue el reino al Dios y Padre, cuando haya suprimido todo dominio, toda autoridad y potencia. Porque preciso es que él reine hasta que haya puesto a todos sus enemigos debajo de sus pies. Y el **postrer enemigo que será destruido es la muerte**.* (El énfasis fue añadido)

RESUCITANDO A LOS MUERTOS

Durante muchos años, mientras ministraba por todas las islas de Fiji, encontré varios casos de personas que fueron resucitados, al igual que Lázaro.

Una tarde, del hospital local telefonearon a una miembro de la iglesia en Fiji y le pidieron que pasara recogiendo el cadáver su joven hijo, pues había muerto allí esa tarde. Rápidamente ella llamó a otros miembros de la iglesia y oraron toda la noche para que su hijo volviera a la vida. A la mañana siguiente ella fue al hospital ¡y encontró a su hijo vivo y sano!

> **Fuera de Jesús no hay resurrección o vida eterna. Él tiene las llaves del infierno y de la muerte y el poder para otorgar la vida y regresarla a la muerte.**

Otra miembro de mi iglesia era dueño de un almacén. Dos hermanas, que también eran cristianas, entraron, compraron unas cuantas cosas y se marcharon. Minutos más tarde se escuchaban gritos en el estacionamiento. Una de las hermanas estaba en el suelo, echando espuma por la boca.

Una ambulancia llegó quince minutos más tarde; sin embargo, la mujer ya había muerto. A pesar de esto, los paramédicos pasaron otros veinte minutos tratando de resucitarla. Finalmente, se dieron por vencidos y pasaron otros diez minutos redactando el informe. Mientras tanto, de regreso en el almacén, la propietaria oró para que la mujer volviera a la vida.

Más tarde, ella me llamó, diciendo: "Estoy decepcionada. Oré contra el espíritu de la muerte y nada sucedió".

"Bueno", le dije, "talvez no era la voluntad de Dios".

Un mes más tarde, la propietaria recibió una llamada telefónica.

Una mujer le dijo: "¿Recuerda a la mujer que murió en el estacionamiento de su tienda?"

"Sí", respondió la propietaria.

"¿Podemos pasar por ahí?"

"Está bien".

Después de que ella lo abrazó, la propietaria le preguntó: "¿Qué quisiste decir con "nosotros"? "¡Una de ellas murió!"

Una hora después, las dos hermanas entraron al almacén. La mujer que murió había vuelto a la vida. Ella relató de cómo la habían colocado sobre una mesa en la morgue del hospital y un médico verificó que ella estaba muerta. Cuando él salió del cuarto, ella se sentó. El médico casi se muere del susto. El brazo derecho de ella estaba ligeramente paralizado, y tuvo que pasar un mes en el centro de rehabilitación local. Sin embargo, cuando ella estuvo en el almacén, estaba en perfecto estado de salud. ¡La muerte había sido derrotada!

No se equivoque con esto, el Espíritu Santo resucita a los muertos. En nosotros mismos no tenemos poder, pero el Espíritu Santo que mora en nosotros hace la obra. Fue el Espíritu Santo quien levantó a Cristo de entre los muertos, y Él también nos levantará de entre los muertos (Véase Romanos 8:11).

> Fue el Espíritu Santo quien levantó a Cristo de entre los muertos, y Él también nos levantará de entre los muertos.

Dijo Jesús: *"Yo soy el camino, y la verdad, y la vida"* (Juan 14:6). Levítico 17 nos dice: *"Porque la vida de la carne en la sangre está"* (Versículo 11). La vida de Jesús en Su sangre está. Hay poder en la sangre de Jesús, la cual da vida. Siempre que usted ore para atar a la muerte, ore en la sangre de Jesús.

Enoc y Elías

Encontramos a dos individuos en la Biblia que nunca murieron: Enoc y Elías. En Génesis 5:24 encontramos: *"Caminó, pues, Enoc con Dios, y desapareció, porque le llevó Dios"*. Dios estaba agradado con Enoc y se lo llevó al cielo. Enoc nunca sintió la muerte.

Al final del ministerio de Elías, Eliseo su siervo lo siguió: *"Y aconteció que yendo ellos y hablando, he aquí un carro de fuego con caballos de fuego apartó a los dos; y Elías subió al cielo en un torbellino"* (2 Reyes 2:11). Elías no vio muerte.

El espíritu de Elías volverá en los tiempos del fin: *"He aquí, yo os envío el profeta Elías, antes que venga el día de Jehová, grande y terrible"* (Malaquías 4:5). Al igual que Juan el Bautista, aquellos con el espíritu de Elías prepararán el camino del Señor y enderezarán los caminos torcidos. Ellos harán retroceder a la muerte.

Capítulo 10

CUIDADO CON EL FALSO AVIVAMIENTO

El próximo avivamiento será falso y verdadero al mismo tiempo. Algo idéntico ocurrió en los días del rey Josías. El libro de la ley fue descubierto en el templo, y el rey Josías hizo todo lo que pudo para restaurar la verdadera adoración al Dios de Israel. Él destruyó los templos paganos, mató a los sacerdotes de Baal y Astoret y ordenó que toda la nación guardara de nuevo las fiestas santas de Dios. Los templos se llenaron y los profetas y sacerdotes prosperaron.

Con todo eso, Jehová no desistió del ardor con que su gran ira se había encendido contra Judá, por todas las provocaciones con que Manasés le había irritado. (2 Reyes 23:26)

Al final, Jehová le permitió a Babilonia destruir a Jerusalén, Su gran templo y la mayoría de Su pueblo.

¿Por qué? ¿No estaba Dios agradecido con ese avivamiento? No. Estaba enojado. El avivamiento era puro humo y sombra sin sustancia. El templo llegó a ser rico, la gente se desbordaba para adorar a Dios, pero era sólo exhibicionismo. Ellos jamás cambiaron sus corazones ni regresaron a las sendas antiguas, a los verdaderos caminos de Dios. Eso no tenía nada que ver con Dios; eso tenía que ver con la prosperidad y la buena vida.

Volvamos a Jeremías:

¿Se han avergonzado de haber hecho abominación? Ciertamente no se han avergonzado, ni aun saben tener vergüenza; por tanto, caerán entre los que caigan; cuando los castigue caerán, dice Jehová. Así dijo Jehová: Paraos en los caminos, y mirad, y preguntad por las sendas antiguas, cual sea el buen camino, y andad por él, y hallaréis descanso para vuestra alma. Más dijeron: No andaremos.

(Jeremías 6:15–16)

El pueblo continuó transigiendo la adoración al único y sólo Dios del universo. Por un lado, ellos hicieron gala de asistir a las funciones del templo; por otro lado, ellos adoraban y festejaban las costumbres religiosas babilónicas. Ellos continuaban adorando a la "reina del cielo" y dando *"ofrendas a dioses ajenos, para provocarme a ira"* (Jeremías 7:18). Ellos ofrecían servicios de labios a la Palabra de Dios y Sus leyes.

Jeremías anduvo advirtiéndoles de la guerra, pero no lo escucharon. Su corazón estaba angustiado y ya no podía contenerse. Él habló contra los profetas y los sacerdotes que, a su vez, querían matarlo por decir la verdad. Ellos habían sido cegados por sus propios pecados.

> *Y acontecerá que cuando anuncies a este pueblo todas estas cosas, te dirán ellos: ¿Por qué anuncia Jehová contra nosotros todo este mal tan grande? ¿Qué maldad es la nuestra, o que pecado es el nuestro, que hemos cometido contra Jehová nuestro Dios?*
>
> (Jeremías 16:10)

Él les advirtió repetidas veces, pero ellos se negaron a escucharlo. La vida les era demasiado buena. No obstante, el avivamiento, ¡fue un avivamiento fingido! Al final, solamente Jeremías y unos pocos sobrevivieron a la guerra. Pero esos mismos principios se aplican a nosotros hoy.

Hoy en día, algunos pastores están utilizando las técnicas de relaciones públicas de "Madison Avenue" para impresionar a la muchedumbre. Hay predicadores de la televisión que le están prometiendo a usted que si acepta a Jesús,

Él le bendecirá y le dará todo lo que usted siempre a ha querido tener en su vida. Hay "megaiglesias" llenas de decenas de miles de personas que tienen lo que quieren, no lo que necesitan. Sus líderes piensan: *Mantenga contengo al pueblo. No predique arrepentimiento, juicio, ni sacrificio. Esos temas alejarán a la gente.* La presión por atraer y mantener grandes muchedumbres, mantener grandes presupuestos y ser reconocidos por otros como una "iglesia exitosa" ha llevado a algunos a poner en peligro el mensaje de la cruz.

> La presión por atraer y mantener grandes muchedumbres, mantener grandes presupuestos y ser reconocidos por otros como una "iglesia exitosa" ha llevado a algunos a poner en peligro el mensaje de la cruz.

Hoy, Dios está molesto, también. No desviará Su ira.

En Ezequiel 9, Dios ordenó a seis ángeles con armas en sus manos que salieran. Uno de ellos tenía un tintero ceñido a la cintura. Él le ordenó al que tenía el tintero como sigue:

*Pasa por en medio de la ciudad, por en medio de Jerusalén, y **ponles una señal en la frente** a los hombres que gimen y que claman a causa de todas las abominaciones que se hacen en medio de ella. Y a los otros dijo, oyéndolo yo: Pasad por la ciudad en pos de él, y matad; no perdone vuestro ojo, ni tengáis misericordia. Matad a viejos, jóvenes y vírgenes, niños y mujeres, hasta que no quede ninguno; pero a todo aquel sobre el cual hubiere señal, no os acercaréis; y comenzaréis por mi santuario. Comenzaron, pues, desde los varones ancianos que estaban delante del templo. Y les dijo: Contaminad la casa, y llenad los atrios de muertos; salid. Y salieron, y mataron en la ciudad.*

(Ezequiel 9:4–7, el énfasis fue añadido)

Esto es importante. Dios ordenó que solamente aquellos que *"gimen y claman"* y que están en Su templo recibieran la marca en sus frentes. Todos los demás perecerían. La destrucción y el juicio comienzan en la iglesia.

Resulta interesante observar que, en los últimos tiempos Dios, señalará a Sus siervos verdaderos colocando Su marca en sus frentes. En Apocalipsis 7, se les ordena a cuatro ángeles que hagan daño a la tierra y el mar. Sin embargo, antes de que ellos procedan, otro ángel vino y declaró: *"No hagáis daño a la tierra, ni al mar, ni a los árboles, hasta que hayamos señalado en sus frentes a los siervos de nuestro Dios"* (Versículo 3). A éstos se les permitiría vivir.

En Apocalipsis 9, la destrucción iba a venir a la tierra una vez más. Y se les mandó que no dañasen a la hierba de la tierra, ni a cosa verde alguna, ni a ningún árbol, sino solamente a los hombres que no tuviesen el sello de Dios en sus frentes (Versículo 4).

Dios no ha cambiado. Su ira está sobre aquellos que adoran a otros dioses y diosas, observan las prácticas religiosas paganas, fornican con otras religiones y transigen la Palabra de Dios.

Jeremías clamó:

Así ha dicho Jehová de los ejércitos, Dios de Israel: Mejorad vuestros caminos y vuestras obras, y os haré morar en este lugar. No fiéis en palabra de mentira, diciendo: Templo de Jehová, templo de Jehová, templo de Jehová es este.…He aquí, vosotros confiáis en palabra de mentira. (Jeremías 7:3–4, 8)

Una vez más, Dios traerá juicio sobre Su pueblo reincidente. Viene destrucción para el cuerpo de Cristo; sin embargo, Dios tendrá Su remanente—Su iglesia verdadera, Su ejército y Sus mártires—hasta el fin. Por todas las Escrituras, Dios ha demostrado que si somos desobedientes y rebeldes, Él permitirá que el enemigo destruya Su templo, Su ciudad y a la mayoría de Su pueblo para depurarlos.

Así como en los días de Jeremías, mucha de nuestra adoración a Dios es somera y superficial. Pocos entienden o se preocupan de lo que hay en el reino espiritual. Muchos de los llamados cristianos nunca han realmente entregado sus vidas a Dios. Fingen servir a Dios el domingo, pero siguen atados al mundo el resto de la semana. Muchos no creen que Satanás o los demonios existan. Algunas iglesias están transigiendo el verdadero evangelio del reino al punto que a penas es reconocible. Demasiados cristianos ni siquiera saben que ya estamos en guerra. A muchos no les importa.

> **Dios ha demostrado que si somos desobedientes y rebeldes, Él permitirá que el enemigo destruya Su templo, Su ciudad y a la mayoría de Su pueblo para depurarlos.**

Al igual que en los días de Noé, las nubes de la tormenta ya se están aglomerando, o, como dijo Jesús:

Más como en los días de Noé, así será la venida del Hijo del Hombre. Porque como en los días antes del diluvio estaban comiendo y bebiendo, casándose y dando en casamiento, hasta el día en que Noé entró en el arca, y no entendieron hasta que vino el diluvio y se los llevó a todos, así será también la venida del Hijo del Hombre. (Mateo 24:37–39)

El cristianismo en Europa ha disminuido hasta una completa irrelevancia. Los pocos nacimientos y una creciente inmigración desde el Medio Oriente han estado arrollando al cristianismo. En Alemania, cuna de Martín Lutero y de la reforma, así como en muchos países de la ex Unión Soviética, ha habido una explosión de interés por la brujería y lo oculto. Las denominaciones y el crecimiento de la iglesia en Estados Unidos están a punto de declinar también.

Es el día moderno de Judá de la era de Jeremías. En Jeremías, Dios dice:

Decid a las naciones: He aquí, haced oír sobre Jerusalén: Guardas vienen de tierra lejana, y lanzarán su voz contra las ciudades de Judá. Como guardas de campo estuvieron en derredor de ella, porque se rebeló contra mí, dice Jehová. Tu camino y tus obras te

hicieron esto; esta es tu maldad, por lo cual
amargura penetrará hasta tu corazón.
(Jeremías 4:16-18)

Norteamérica le volvió su espalda a Dios, y las naciones de todo el mundo se gozan aguardando su aparente desfallecimiento cercano. Ellas trabajan y hacen complot contra ella y están celosas de su prosperidad. Con regocijo, ellas están aguardando la caída de Norteamérica. La maldición está en la tierra y en su pueblo. Parte del avivamiento venidero será tan superficial como en los días de Jeremías.

DIVISIÓN EN EL CUERPO

Con toda seguridad, las denominaciones no cambiarán con el avivamiento venidero. Si la historia nos da alguna indicación, ellas probablemente se aferrarán a doctrinas vacilantes y continuarán sus caminos divisionistas. Puede que aun aumenten en número durante el avivamiento, pero la falta de unidad dentro del cuerpo de Cristo continuará. Cualquier unidad que haya, ésta será frágil y superficial.

Muchos santos se unirán a la religión mundial. Ellos abandonarán la fe para pelear contra el cristianismo y contra los cristianos que ellos consideran les mintieron y engañaron. Los antiguos cristianos serán nuestros peores enemigos.

Cuando China se abrió al Occidente, muchas denominaciones entraron y establecieron allí iglesias subterráneas en las casas. Previamente, la gran mayoría de iglesias chinas en las casas eran independientes. Ahora, relatos recientes reportan de pugnas entre las denominaciones con iglesias en las casas y otros. Una noticia de un artículo publicado por *The Martyrs' Cry* (El Clamor de los Mártires), reportó que una denominación con iglesias en las casas pugnó abiertamente con otras iglesias en las casas, matando a varios e hiriendo a muchos. El gobierno subsecuentemente se volvió más duro contra el cristianismo, llamando a los cristianos una violenta pandilla de criminales y asesinos.

EL PUNTO

Se aproxima una gran cosecha, pero habrá dos lados en ella. Habrá el verdadero avivamiento, pero también habrá un falso avivamiento. Tenga cuidado. Al final, aquellos que han participado en el falso avivamiento, caerán bajo el poder de la bestia de Satanás.

Capítulo 11

ENFRENTÁNDONOS
AL ENEMIGO

Sanidad, liberación, oración, conocimiento de la Palabra de Dios, evangelismo—estas son sólo algunas de las cosas cruciales que nosotros como cristianos estamos llamados a hacer como parte de nuestra guerra contra el reino de Satanás. Ese es nuestro papel en la guerra espiritual con lo cual podemos ayudar a recuperar el territorio de manos de Satanás. No obstante, el Dios Todopoderoso, está interesado en una victoria total.

LA NECESIDAD DE ORAR

La intención de Dios es que Su casa sea una casa de oración (Véase Isaías 56:7). La oración es fundamental en el reino de Dios. Es esencial y eficaz para mover la mano de Dios. No es una actividad opcional, sino más bien nuestra principal arma en la guerra contra el reino de Satanás. ¡Sin oración, la guerra está perdida!

Con la oración, somos colaboradores—y compañeros guerreros—con Dios. Los propósitos de Dios son llevados a cabo por medio de las oraciones de los santos. Es Dios quien nos impulsa a la oración y es el Espíritu Santo quien toma nuestras oraciones e intercede por nosotros.

Y de igual manera el Espíritu nos ayuda en nuestra debilidad; pues qué hemos de pedir como conviene, no lo sabemos, pero el Espíritu mismo intercede por nosotros con gemidos indecibles. (Romanos 8:26)

La *Nueva Versión Internacional* lo pone de esta manera:

Así mismo, en nuestra debilidad el Espíritu [Santo] acude a ayudarnos. No sabemos qué pedir, pero el Espíritu mismo intercede por nosotros con gemidos que no pueden expresarse con palabras.

Al final del mundo, las oraciones de los santos serán decisivas. En Apocalipsis 6 y 7, gran juicio cae sobre la tierra con increíble poder. Es enviado por el Señor Jesucristo, quien es el único capaz de tomar el libro y quitar el sello. Apocalipsis 5:8, dice:

Y cuando hubo tomado el libro, los cuatro seres vivientes y los veinticuatro ancianos se *postraron delante del Cordero; todos tenían arpas, y copas de oro llenas de incienso, **que son las oraciones de los santos.***

(el énfasis fue añadido)

A medida que los primeros seis sello son abiertos, la etapa final se descubre con gran juicio y desastres que sacuden la tierra. Las oraciones de los santos vienen al recuerdo y el Señor Jesús protege a Sus santos y castiga a sus enemigos. La ruptura de cada sello trae más grande destrucción.

Cuando el séptimo sello está por ser abierto, dicen las Escrituras:

*Cuando abrió el séptimo sello, se hizo silencio en el cielo como por media hora. Y vi a los siete ángeles que estaban en pie ante Dios; y se les dieron siete trompetas. Otro ángel vino entonces y se paró ante el altar, con un incensario de oro; y se le dio mucho incienso para añadirlo a las oraciones de todos los santos, sobre el altar de oro que estaba delante del trono. Y de la mano del ángel **subió a la presencia de Dios el humo del incienso con las oraciones de los santos.***

(Apocalipsis 8:1–4,
el énfasis fue añadido)

Existe tremendo poder y autoridad en la oración de los santos. ¿Qué hacen estas oraciones? Le recuerdan a Dios de Sus santos y evocan la gracia y misericordia de Él.

En los días de Moisés, Coré y sus doscientos cincuenta hombres de renombre se rebelaron contra Moisés y Aarón.

Ya Coré había hecho juntar contra ellos toda la congregación a la puerta del tabernáculo de reunión; entonces la gloria de Jehová apareció a toda la congregación. Y Jehová habló a Moisés y a Aarón, diciendo: Apartaos de entre esta congregación, y los consumiré en un momento. (Números 16:19–21)

Pero Moisés y Aarón oraron para que Dios tuviera misericordia y perdonara a todos aquellos que se separaran de Coré y sus hombres. Sus oraciones fueron contestadas. Dios juzgó a Coré y sus hombres y la tierra se abrió y se los tragó, sus casas, todos los hombres que estaban con Coré y todos sus bienes (Véase el versículo 32).

> **Existe tremendo poder y autoridad en la oración de los santos.**

Aun después de todo esto, la congregación siguió murmurando contra Moisés y Aarón. "Y *Jehová habló a Moisés, diciendo: Apartaos de en medio de esta congregación, y los consumiré en un momento"* (Números 16:44–45). Moisés y Aarón se postraron sobre sus rostros.

> Y dijo Moisés a Aarón: Toma el incensario y pon en él fuego del altar, y sobre él pon incienso, y ve pronto a la congregación, y haz expiación por ellos, porque el furor ha salido de la presencia de Jehová; la mortandad ha comenzado. Entonces tomó Aarón el incensario, como Moisés dijo, y corrió en medio de la congregación; y he aquí que la mortandad había comenzado en el pueblo; y él puso incienso, e hizo expiación por el pueblo, y se puso entre los muertos y los vivos; y cesó la mortandad.   (Números 16:46–48)

El incienso le recordó a Dios las oraciones de Moisés y Aarón, y, Dios tuvo misericordia y cesó la plaga. Las oraciones del pueblo de Dios estarán en Su poderosa mano. De lo contrario, Él probablemente, en Su ira consumiría toda la tierra. Nuestras oraciones hacen efecto en el cielo.

La verdadera unidad

Hay poder en el pacto, acuerdo o unidad. Cuando dos personas oran juntos, el poder aumenta diez veces. Sólo por medio de la oración se puede *"perseguir a mil, y dos hacer huir a diez mil"* (Deuteronomio 32:30). Es un principio espiritual.

Los demonios de Satanás tienen poder. Por nosotros mismos no podemos pelear contra los hombres fuertes de Satanás. Sin embargo, el poder de ellos no se compara al poder de Dios. Es más, si una iglesia pelea sola tendría momentos difíciles, dependiendo de la fortaleza del espíritu gobernante asignado por Satanás. En verdad, puede que unos pocos individuos obrando solos posean el suficiente poder espiritual para enfrentarse a los espíritus gobernantes. No obstante, serían inadecuados para prender la chispa del avivamiento mundial.

Es de vital importancia que las iglesias se unan para orar contra los espíritus gobernantes de Satanás. Mientras más iglesias se unan

> **Si las iglesias de todo el mundo empezaran a orar una por otra y ataran a los espíritus gobernantes sobre todas las áreas alrededor del mundo, el poder que generarían sería increíble.**

para atar los espíritus gobernantes, más será el éxito. Si las iglesias de todo el mundo empezaran a orar una por otra y ataran a los espíritus gobernantes sobre todas las áreas alrededor del mundo, el poder que generarían sería increíble.

Cuando una iglesia lucha contra el reino demoníaco de Satanás, él reúne sus tropas contra esa iglesia, pero si muchas iglesias comienzan a orar para atar los espíritus en otros países alrededor del mundo, él no puede disparar contra cada una. Imagínese a unas cientos o miles de iglesias por todo el mundo atando a los espíritus gobernadores sobre su iglesia o país. Las oraciones contra sus espíritus gobernantes vendrían de todas las direcciones y el poder espiritual que ellas generaran sería poderosamente superior.

Es imperativo que nos unamos para atar a los espíritus gobernantes de Satanás sobre las Filipinas, Fiji, Vanuatu, Singapur, Suiza, Bulgaria, Hong Kong, China, Australia, Nueva Zelanda, Estados Unidos, y, sobre todo el mundo. Oren por nosotros y nosotros oraremos por ustedes.

¡Levantémonos como un poderoso ejército de Dios! Por favor haga la oración de Daniel cada día y únase al cuerpo de Cristo ayunando todos los viernes de ahora en adelante. Ayune todo el día y ore toda la noche, o parte del día según el Espíritu Santo le dirija. Tome la iniciativa e invite a las iglesias en su área y en otros países a orar para atar a los espíritus gobernantes de esos países. Volvamos a los caminos de Dios. ¡Seamos la generación que le entregue a Dios Su iglesia!

¡Crezcamos en madurez en el Señor y empecemos a luchar!

¡Seamos el ejército de Dios y movamos la mano de Dios para traer el avivamiento y el fin del mal sobre la tierra!

Resumen

En resumen, permítame señalarle lo siguiente:

1. Muchas veces ha sido profetizado que el último y más gran avivamiento de todos los tiempos daría comienzo en el norte de las provincias de las Filipinas. Una visión y un ángel se me apareció en Lal-lo para confirmarlo.

2. El próximo avivamiento será más grande que todos los avivamientos anteriores juntos, en términos de alcance y tiempo. Su número se contará por millones.

3. Satanás va a presentar resistencia a este avivamiento venidero, haciendo uso de todo lo que tiene porque sabe que esto significa el fin de su reinado sobre la tierra. Él será lanzado al fondo del abismo y al Lago de Fuego (Véase Apocalipsis 20:1-2; 10). Él ya está formando un solo gobierno mundial y una sola religión mundial de la que habla Apocalipsis 13.

4. El próximo avivamiento marcará el fin del mundo y el fin de este siglo.

5. La Biblia dice que la bestia de Satanás va a hacer guerra contra los santos y los vencerá (Véase Apocalipsis 13:7; Daniel 7:21, 25).

6. El gran avivamiento resultará en intensa persecución y abominación desoladora de la que habló el profeta Daniel.

7. Nosotros ya estamos en guerra y bajo la propagación del engaño del que habló el Señor en Mateo 24:11, 24. Muchos se han unido a los movimientos ecuménicos y ya están transigiendo el Evangelio. Ellos predican prosperidad en vez de sacrificio. Permiten el pecado y el engaño en la iglesia.

8. Los apóstoles claramente nos advirtieron de que no aceptáramos un Jesús diferente o cualquier evangelio no enseñado por los apóstoles originales. No debemos transigir.

9. La clave para el avivamiento es la guerra espiritual—el arrepentimiento, el rompimiento de maldiciones, y, la atadura de los hombres fuertes de Satanás. El ejemplo y modelo está en la oración de Daniel, en Daniel 9. El cuerpo de Cristo necesita orar juntos, en unidad los unos por los otros, y, necesita pedir avivamiento. .

10. Podemos bloquear los contraataques de Satanás si oramos el Salmo 91.

11. Dios quiere que volvamos a los caminos de la Iglesia Primitiva—practicando sus doctrinas

originales puras y reuniéndonos en la iglesia de las casas para mantener el avivamiento y resistir la persecución.

12. El avivamiento y el fin del mundo no vendrá sino hasta que los hijos de Dios, así también como Su iglesia, sean sin mancha, arruga o tacha. Durante todo esto, la madurez en Jesucristo debe continuar. ¡Vamos camino a la perfección!

13. Antes del fin, los vencedores de Dios—Su iglesia verdadera, el ejército de Dios—se levantará. Los que sean martirizados por amor a Su amor, recibirán su recompensa celestial. Los de la verdadera iglesia de Dios, serán llevados a Su trono celestial, jamás morirán pero volverán con Cristo en gloria para tomar sus puestos y luchar contra Satanás en la batalla final.

14. Así como en el libro de Jeremías, habrá tanto un verdadero avivamiento como un falso avivamiento. ¡No se deje engañar! No permita que el engaño se filtre y corrompa la iglesia. Dios está buscando a aquellos que ayunan y oran, y, que Le adoran en espíritu y en verdad.

15. Si el cuerpo de Cristo, se humilla y oran juntos para confesar y arrepentirse por los pecados del pueblo, Dios nos perdonará, romperá las maldiciones, y, nos dará el derecho y el poder para atar a los espíritus gobernantes. Cuando los hombres fuertes sobre las ciudades y países

alrededor del mundo sean atados, entonces tendrá lugar el avivamiento.

Unamos nuestros corazones y oremos para atar a todo espíritu gobernante de cada área del mundo. No estemos ociosos sin hacer nada.

Un llamado a tomar las armas

El avivamiento tiene que llegar; está ordenado por Dios y predicho en las Escrituras por los profetas.

¡Ciertamente existen cristianos fieles y diligentes que desean unirse en oración para luchar por el avivamiento! Mientras oramos y esperamos en Dios para recibir el avivamiento, Él está esperándonos para que luchemos contra el reino demoníaco y maduremos en Jesucristo. Los cristianos de todas partes necesitan tomar una postura y ayudar a atar a los espíritus gobernantes del engaño, la idolatría, el hurto, la corrupción, el orgullo, la pobreza, la avaricia, el anticristo, la brujería, Jezabel y Acab, la esclavitud, la lujuria, la inmoralidad sexual, la violencia, el asesinato, el odio, la ira, la religiosidad, y demás, sobre las Filipinas y sobre el resto del mundo.

¡Vamos a la guerra!

La oración de Daniel

(Basado en Daniel 9)

Haga esta oración diariamente cada vez que los santos se reúnan o individualmente:

Padre, en el nombre de nuestro Señor y Salvador Jesucristo, venimos ante Ti.

1. Oh, Señor, la justicia pertenece a Ti, pero nosotros nos sentimos avergonzados. Nosotros, Tu pueblo de todo el mundo, hemos pecados contra Ti.

2. Confesamos nuestros pecados y los pecados de nuestros antecesores. Hemos pecado contra Ti. Hemos vivido inicuamente y nos hemos rebelado, desobedeciendo Tu voz y Tu voluntad.

3. Nos hemos dejado engañar y ser distraídos.

4. No hemos andado con el Espíritu Santo, a quien Tú nos diste para que nos guiara, enseñara y nos mostrara la verdad. Hemos sido inmaduros espiritualmente, mundanos e incapaces de vivir en la verdad. Hemos fallado en hacer Tu voluntad.

5. Confesamos y nos arrepentimos del pecado de idolatría, brujería, inmoralidad sexual, robo, mentira, avaricia, orgullo, asesinato, adulterio, deshonra para con nuestros padres, incredulidad, falta de amor y otros pecados incontables cometidos contra Ti, oh, Señor.

6. Por causa de nuestros pecados y desobediencia, nuestra tierra y nuestros pueblos han sido maldecidos.

7. Pero Tú eres un Dios misericordioso, lleno de gracia y amor, y, Te pedimos que perdones nuestros pecados y limpies nuestras injusticias.

8. Oh, Señor, oye nuestras oraciones, abre Tus ojos y mira nuestra desesperación.

9. ¡Oh, Señor, oye! ¡Oh, Señor, perdona! ¡Oh, Señor, escucha y obra! Por Tu gran amor, no tardes, mi Dios, pues Tu pueblo es llamado por Tu nombre. Oh, Dios, humildemente Te pedimos que rompas las maldiciones que ha venido sobre nuestra tierra y sobre nuestro pueblo.

10. En el nombre de Jesús, atamos a los espíritus gobernantes que Satanás ha enviado esas maldiciones sobre nosotros. Tu Palabra dice que todo lo que atemos en la tierra será atado en el cielo, y que todo lo que desatemos en la tierra, será desatado en el cielo [Véase Mateo 16: 19; 18:18]. Liberta las almas de los hombres, mujeres y niños que han sido atados por Satanás y quita la ceguera de sus mentes. Humildemente Te pedimos que envíes desde el cielo ángeles con cadenas para atar a los espíritus gobernantes de Satanás que controlan la tierra y los pueblos.

11. Cortamos todas las cuerdas del enemigo y las echamos fuera.

12. Cúbrenos bajo Tus alas y cúbrenos con Tus plumas para protegernos contra el enemigo. *"Con sus plumas te cubrirá, y debajo de sus alas estarás seguro"* (Salmos 91:4).

Te damos toda la alabanza, el honor y la gloria, oh, Dios. En el nombre de Jesús, oramos.

ORACIÓN DE DANIEL
(Versión corta)

(Basado en Daniel 9)

Padre, en el nombre de nuestro Señor y Salvador, Jesucristo, venimos ante Ti.

1. Oh, Señor, la justicia pertenece a Ti, pero nosotros nos sentimos avergonzados.

2. Confesamos y nos arrepentimos de nuestros pecados, pues nos hemos rebelado contra Ti y hemos desobedecido Tus mandamientos.

3. Hemos cometido pecado de idolatría, brujería, inmoralidad sexual, robo, mentira, codicia, orgullo, asesinato, adulterio, deshonra a nuestros padres, incredulidad, falta de amor y otros pecados incontables cometidos contra Ti, oh, Señor.

4. Por causa de nuestros pecados, las maldiciones han caído sobre la tierra y sobre los pueblos.

5. Estamos engañados, somos débiles, carnales y estamos divididos. Hemos fallado en amar al prójimo. Hemos fallado en hacer Tu voluntad. Satanás nos tiene atados.

6. Oh, Señor, humildemente oramos para que perdones nuestros pecados, nuestras transgresiones y nuestras iniquidades. No tenemos justicia

por nosotros mismos, pero venimos en el nombre de Jesús y Su justicia y Su gracia. Ten misericordia de nosotros, oh, Dios.

7. Rompe las maldiciones que cayeron sobre nosotros por causa de nuestros pecados, oh, Señor. No somos dignos, pero Tú eres lleno de gracia y misericordia, oh, Dios. Perdona a Tus hijos.

8. Atamos a los espíritus gobernantes que Satanás ha puesto sobre la tierra y los pueblos, y, en el nombre de Jesús, cortamos sus cuerdas.

8. Desatamos las almas de hombres, mujeres y niños, y, echamos fuera la ceguera de sus mentes.

9. Escóndenos bajo Tus alas y cúbrenos con Tus plumas, oh, Señor.

En el nombre de Jesús, oramos. Amén.

Notas bibliográficas

Capítulo Uno

[1] Charles H. Kraft, *Defeating Dark Angels* (Derrotando a los Ángeles de las Tinieblas). Ann Arbor, MI: Vine Books, 1992.

Capítulo Dos

[2] Para una mayor discusión acerca de los peligros de aplicar sanidad interior y liberación en el momento incorrecto, recomiendo el libro *A Comprehensive Guide to Deliverance and Inner Healing* (Una Guía Completa para la Liberación y la Sanidad Interior) de John y Mark Sandford. (Véase recursos adicionales).

[3] Penfield, Wilder. *The Mystery of the Mind: A Critical Study of Consciousness and the Human Brain* (El Misterio de la Mente: Un Estudio Crítico sobre la Conciencia y el Cerebro Humano). Princeton, NJ: Princeton University Press, 1975.

Capítulo Tres

[4] Hammond, Frank and Ida Mae. *Pigs in the Parlor* (Cerdos en la Sala). Kirkwood, MO: Impact Books, Inc., 1993.

Capítulo Cuatro

[5] Para una completa explicación y defensa de cómo y por qué los cristianos tienen demonios, véase el primer capítulo

de mi libro, Ing, Richard. *Spiritual Warfare* (*Guerra Espiritual*). New Kensington, PA: Whitaker House, 2006.

CAPÍTULO CINCO

[6] Buck, Roland. *Angels on Assignment* (Ángeles con una Asignación). New Kensington, PA: Whitaker House, 1979.

CAPÍTULO SEIS

[7] Nee, Watchman. *The Spirit of Wisdom and Revelation* (El Espíritu de Sabiduría y Revelación). New York, NY: Christian Fellowship Publishers, 1980.

[8] Hunt, Dave. *Global Peace* (Paz Global). Eugene, OR: Harvest House, 1990.

[9] Hattaway, Paul. *Operation China* (Operación China). Bartlesville, OK: La Voz de los Mártires, 2000.

[10] Varias encuestas publicadas en www.barna.org. O véase: Barna, George. *Growing True Disciples* (Adiestrando Verdaderos Discípulos). Colorado Springs, CO: Water Brook Press, 2001.

[11] MacArthur, John. *Hard to Believe: The High Cost and Infinite Value of Following Jesus* (Difícil de Creer: El Alto Costo y Valor Infinito de Seguir a Jesús). Nashville, TN: Thomas Nelson, Inc. 2003.

CAPÍTULO SIETE

[12] Wagner, C. Peter. *The Third Wave of the Holy Spirit* (La Tercera Ola del Espíritu). Ann Arbor, MI: Servant Books, 1988.

[13] Véase los artículos de C. Peter Wagner y Ed Silvoso en el libro de Ted Haggard y Jack Hayford *Loving Your City into the Kingdom* (Llevando con Amor su Ciudad hacia el Reino). Ventura, CA: Regal Books, 1997.

[14] Jackson, John Paul. *Needless Casualties of War* (Innecesarias Víctimas de la Guerra). Ft. Worth, TX: Streams Publications, 1999.

[15] Rutz, James. *Megashift: Igniting Spiritual Power* (Mega-cambio: Encendiendo el Poder Espiritual). Colorado Springs, CO: Empowerment Press, 2005.

[16] Aikman, David. *Jesus in Beijing* (Jesús en Beijing). Washington, D.C.: Regnery Publishing, Inc., 2003.

Acerca del autor

E l Dr. Richard Ing es el Pastor Principal de *Light of the World Missions* (Misiones Luz del Mundo) en Hawai y las Filipinas. Él obtuvo un Doctorado en Ministerio y es Vicepresidente del *New Covenant International Seminary and Bible College* (Seminario y Universidad Internacional del Nuevo Pacto). El Dr. Ing también dirige un instituto bíblico, una casa misionera y un centro de adiestramiento vocacional en las Filipinas. Ha sido orador frecuente acerca de la guerra espiritual en Fiji, Vanuatu, India, China, Hong Kong, Singapore, Sarawak, Bulgaria, y las Filipinas, como también en los Estados Unidos.

El Dr. Ing fue ingeniero civil antes de graduarse en leyes del *Hastings College of the Law* (Facultad de Derecho de la Universidad Hastings) de San Francisco. Recientemente se retiró después de cuarenta años de practicar leyes. Tiene más de cuarenta años de casado, tiene cuatro hijos, y, en la actualidad reside en Hawai, lugar donde nació y creció.

Guerra Espiritual
Richard Ing

En su poderosa investigación sobre la guerra espiritual, Richard Ing discute acerca de los gobernadores y jerarquías del reino demoníaco. Él revela que los espíritus de Jezabel y Acab son una plaga de la iglesia en la actualidad, destruyendo incluso los ministerios más eficaces por medio de mujeres controladoras y hombres pasivos. Descubra cómo vencer las insidiosas tácticas de Satanás al aprender las técnicas y estrategias disponibles en su propio arsenal completo, incluyendo el uso apropiado de atar y desatar, la anatomía de una liberación, los juegos de guerra espiritual, y exitosas estrategias espirituales. ¡La guerra espiritual victoriosa es suya a medida que el Espíritu Santo le da autoridad a usted!

ISBN: 978-1-60374-018-0 • Rústica • 384 páginas

WHITAKER HOUSE

www.whitakerhouse.com